英文ビジネスレターは40の構文ですべて書ける

松崎 久純 著

研究社

はじめに——本書の使い方

　本書は、英文ビジネスレターやEメールを
　　構文を使って
　　ラクにすばやく
　　ビジネス文章らしく
仕上げる方法を学ぶ本です。

　ビジネス文章として適切で、きちんとしたセンテンスの書き方が、読むだけで簡単にわかります。

＊　＊　＊

　第1章「読むだけで使いこなせる40構文」の構文を使えば、英文ビジネスレターとEメールは構成しやすくなり、伝えたいことが、無理なく文章にできるようになります。
　40構文は、「書き出し」、「文中」、「結び」など、それぞれの箇所で有用なものを厳選しました。ビジネス通信で頻繁に使うものばかりです。
　これらを学ぶことで、本書に登場していない構文を見たときでも、その使い方がよくわかるようになります。つまり、この40構文を学べば、どんな構文でも扱える力が身に付くわけです。

　構文とその使い方は、どうやって覚えるものでしょうか？　**「お手本となるサンプル文章を見る」**というのが、その答えです。
　構文はもちろん、その使い方は、自分で考えるものではありません。正しく上手に書かれたサンプルを見て、それらを参考にします。
　本書は、第1章の各項を読み進めるだけで、構文の使い方がわかるように書かれています。例文や解説を通じて、構文に慣れ親しみ、使い方の感覚を身に付けましょう。読みながら、関連した多くのこと（たとえば、

はじめに

冠詞や前置詞の使い方、ビジネス通信でよく使う単語など）も学ぶことができます。

　ビジネス文章は、要件を構文に当てはめて書くのがコツです。自分で言い回しを考えるのではなく、ビジネス文章に適切で、決まりきった構文を使って書きます。そうすることで、ビジネスらしい文章が、すばやく仕上がるのです。

　これをスムーズにできるようになるには、構文が使われた例文を見て、使い方を知っておくことが大切です。それにより、文章作成は簡単な作業にもなります。

　第2章「英文ビジネスレター／Eメールの仕上がりイメージ」では、通信文サンプルを紹介しています。これらは英文ビジネスレターやEメールの完成イメージです。第1章に登場する構文をいくつも用いています。どのようなレターやEメールを仕上げられるのか、参照してみてください。これらのサンプルを見ることで、第1章の内容もよりよく理解できるでしょう。なお、第2章では通信文の体裁についても解説しています。

　「付録」には、**プラクティカルなスキルを身に付ける勉強法**をまとめました。学習から成果を導き出すために、ぜひ参考にしていただきたいと思います。

　本書は、どこから読みはじめても大丈夫です。早速取り組んでみましょう。構文が使いこなせるようになると、おおよそ何でも書いてしまうことができます。**洗練されたビジネス文章がスラスラ書けるようになるでしょう**。

＊　＊　＊

本書の企画と編集では、研究社編集部長の吉田尚志さん、編集部の宮内繭子さん、高見沢紀子さんに、たいへんお世話になりました。ここに感謝の意を表します。完成にご尽力いただいた方々にお礼申し上げます。

2011年5月

松崎 久純

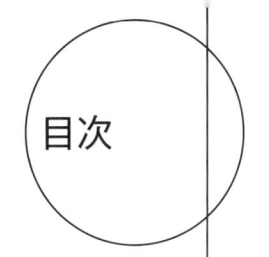

はじめに——本書の使い方　ii

第1章　読むだけで使いこなせる40構文

■ 基本の3構文
① Please send ...　「…を送ってください」3
② Thank you for ...　「…をありがとうございます」6
③ I have ... / We have ...　「…があります」「…がいます」10

■ 書き出しに使う、組み立てに便利な8構文
④ Please find ...　「（添付のファイルなど）をご覧ください」15
⑤ Please confirm ...　「…を確認してください」18
⑥ Can you please ...?　「…してください」22
⑦ Is it possible to ...?　「…することは可能でしょうか」25
⑧ This is to ...　「このレターは…です」28
⑨ I would like to ...　「…したいと思います」32
⑩ I need ...　「…が必要です」35
⑪ regarding ...　「…について（ですが）」39

■ 文中でセンテンスを書きやすくする19構文
⑫ please note ...　「…ですので、よろしくお願いします」43
⑬ please advise ...
　「…をお伝えください」「…をお教えください」46
⑭ please be advised ...　「…をお伝えします」49
⑮ be happy to ...　「喜んで…いたします」52
⑯ suitable for ...　「…に合う」「…に適した」55
⑰ be interested in ...　「…に興味がある」「…に関心がある」58
⑱ one of ...　「…のうちの1つ」61
⑲ together with ...　「…と一緒に」「…と合わせて」65
⑳ details of ... / details for ...　「…の詳細」68
㉑ refer to ...　「…を参考にする」「…に言及する」72
㉒ as soon as ...　「…するとすぐに」75

目次

v

㉓ available 「利用できる」「入手できる」 78
㉔ sorry to ... / sorry for ... 「…で申し訳ありません」 82
㉕ depend on ... 「…次第です」 86
㉖ if so, ... 「もしそうなら…」 89
㉗ also 「…もまた」「さらに」 92
㉘ not only ..., but also ... 「AだけでなくBもまた」 95
㉙ be able to ... 「…することができる」 98
㉚ I (would) appreciate it if you could ...
　　「…していただけるとありがたいです」 102

■ 表現力を高める6構文
㉛ I did ... and I ... 「私は…しました。そして、私は…」 107
㉜ I did ..., but I ... 「私は…しました。しかし、私は…」 110
㉝ will be ... 「…になるでしょう」 114
㉞ would be ... 「…でしょう」「…であろう」 118
㉟ Would it be possible to ...? 「…することはできますか」 121
㊱ ask ~ to ... 「~に…するように頼む」 124

■ 結びに使う4構文
㊲ let me know 「教えてください」 129
㊳ I hope ... 「…と望む」 132
㊴ please do not hesitate to ... 「遠慮せずに…してください」 135
㊵ look forward to ... 「…を楽しみにしています」 138

第 2 章　英文ビジネスレター／
　　　　　Ｅ メールの仕上がりイメージ

(1) 通信文サンプル　142
　　サンプル 1　144
＊頼れる知識 1　　英文と和訳について　147
　　サンプル 2　150
　　サンプル 3　152
　　サンプル 4　154
　　サンプル 5　156
　　サンプル 6　158
＊頼れる知識 2　　ビジネス文章にオリジナリティはいらない　161
　　サンプル 7　162
＊頼れる知識 3　　「ネイティブチェック」を信じていいか？　165

(2) 通信文の体裁（フォーマット）　166
　　(a) 主題／件名（Subject）　168
　　(b) 敬辞（Salutation）　168
　　(c) 本文（Body）　169
　　(d) 結辞（Complimentary Close）　169
　　(e) 署名欄（Signature Block）　169

付録　プラクティカルなスキルを身に付ける勉強法

　(1) 何を身に付けたいのか　172
　　・何ができるようになりたいか　172
　　・やってはいけないこと（やってもスキルが身に付かないこと）　176

　(2) どうやって勉強するのか　177
　　・中学英語を使えるようにする　177
　　・ビジネス通信文を書く練習　179

第1章 読むだけで使いこなせる40構文

本章では、以下のように40構文を分類し、紹介します。

■ 基本の3構文　①〜③

■ 書き出しに使う、組み立てに便利な8構文　④〜⑪

■ 文中でセンテンスを書きやすくする19構文　⑫〜㉚

■ 表現力を高める6構文　㉛〜㊱

■ 結びに使う4構文　㊲〜㊵

①〜㊵のそれぞれで、いくつもの**「構文を使った例文」**を見ていきます。**和訳、単語の意味、解説文**も載っていますから、わかりやすく理解できるはずです。

構文に慣れ親しみ、「それぞれの構文で、どんなセンテンスが書けるのか」を知ることが大切です。じっくりと読み進めましょう。

基本の3構文

はじめに3つの構文を紹介します。

① Please send ...
② Thank you for ...
③ I have ... / We have ...

まずは、これらを見てみましょう。どれもビジネスレターやEメールで頻繁に使う構文です。

①〜③をひと通り読むことで、
・この章には、どんなことが書かれているか
　＝この章で、どのように学んでいけばよいのか
・構文とは、どのような使い方をするものか
・構文の応用とは、どのようなことか

こうしたことが、よく理解できるはずです。

この①〜③だけは、まず理屈抜きで、しっかりと読んでみてください。それにより、本書の全体を理解することが容易になります。①〜③は、④〜㊵と比較して、分量も多めになっていますが、登場する例文などを暗記する必要はありません。
気楽に取り組んでみましょう。

第 1 章　読むだけで使いこなせる 40 構文

1 Please send ...

「…を送ってください」

「…を送ってください」という意味で、頻繁に用いる構文です。使い方の例を見てみましょう。

Please send 24 cartons of hair-gel XI-101.
ヘアジェル XI-101 を 24 カートン送ってください。

carton とは、「輸送用のボール紙箱」のことです。製品を梱包する際に使います。24 cartons of ...（製品名）という表現は、ここで覚えてしまいましょう。

このセンテンスをもとに、もう少し用件を加えてみます。

Please send 24 cartons of hair-gel XI-101 by express air-parcel as soon as possible.
ヘアジェル XI-101 を 24 カートン、速達の航空小包で、できるだけ早く送ってください。

◆基本の３構文

　express air-parcel「速達の航空小包」、as soon as possible「できるだけ早く」。

　by express air-parcel も as soon as possible も、必ずこれらの位置に置くということではありませんが、これを１つの典型的なパターンと捉えましょう。

　以下は、「下記のものを送ってください」という場合に便利な書き方です。

Can you please send the following items:
下記の品をお送りいただけますか。

　the following「次の、下記の」。
　セミコロン（:）は、その後に箇条書きをする際に用います。
　Please send ... も Can you please send ... も表現の丁寧さには、ほとんど違いがないと考えてよいでしょう。より丁寧に述べたい場合には、Could you please ... や Would you please ... などを使います。

　さあ、このあたりから「こなれた書き方」を見ていきます。please send ... を副詞や他の構文と組み合わせて使う例です。２つほど見てみましょう。

Can you please urgently send two samples of hair-gel XI-101 for our customer to photograph?
弊社顧客が写真撮影をするために、ヘアジェル XI-101 のサンプルを２本、至急送ってくださいますか。

　please と send の間に、urgently（至急に）があります。for 以降は、至急送ってほしい理由です。センテンスが、多少複雑に見えても、Can you please send ... を中心に見れば、何ら難しくないことがわかるはずです。

第 1 章　読むだけで使いこなせる 40 構文

I would be grateful if you could please send 24 bottles of XI-200 free of charge.
XI-200 を 24 本、無償でお送りいただけましたら、ありがたいのですが。

I would be grateful ... は、「…だとありがたいです」という表現です（would be ... については 118 頁を参照してください）。if は「もし〜ならば」。I would be grateful if you could please 〜「もし〜していただけるとありがたいです」は、非常に丁寧な表現です。決まり文句として覚えましょう。free of charge「無料で」。

send を他の（似た）単語に置き換えることもできます。

Could you please email me the proforma invoice for order number 231?
注文番号 231 に対するプロフォーマ・インボイスを E メールしていただけますか。

send の代わりに email を用いています。proforma invoice「プロフォーマ・インボイス、注文請書」。

どのセンテンスも構文を中心に見れば、「構文＋αの言葉」で書かれていることがわかります。英文は、こうして「構文＋αの言葉」で書いていきます。そして、構文を使って「自分で考えて書く」というよりも、構文が使われた例文を参照して、表現を真似して書き上げるのがコツです。

◆基本の３構文

2 Thank you for …

「…をありがとうございます」

「…をありがとうございます［ありがとうございました］」という意味を表わします。ここでは主に Thank you for の後に続く表現を見て、どんなセンテンスを書く構文なのかを学びましょう。

まずは、いくつかのシンプルな例文です。

Thank you very much for this information.
この情報をどうもありがとうございました。
Thank you for the proforma for our order no. 233.
注文番号233へのプロフォーマ（インボイス）をありがとうございました。
Thank you for the revised shipping list for this month's shipment.
今月の船積みの改定したシッピングリストをありがとうございました。

proforma (invoice)「プロフォーマ・インボイス、注文請書」、revised「改定した、修正した」、shipment「船積み、発送」。

次のセンテンスはやや長く見えますが、前の例文と同じ構造をしています。

Thank you for the FOB prices and barcode listing for the new DF-900 series.
新しい DF-900 シリーズの FOB（Free on Board　本船渡し）価格とバーコード一覧をありがとうございました。

＊ FOB は、売り手が商品を発送する船に積み込むまでの価格で、運賃（Freight）や保険料（Insurance）は含まない価格です。「本船渡し」あるいは「空港渡し」価格といいます。

ここまでは Thank you for を用いた簡単な表現ですから、すぐに使いこなせるはずです。以下のような表現も合わせて見てみましょう。これらの構造を捉え、単語を置き換えて使いこなせれば理想的です。

Thank you for your effort in obtaining the information on competitors' products.
競合他社の製品について、情報を得る努力を（してくださり）ありがとうございます。

effort「努力、尽力」、competitor「競合他社、競争相手」。

I wanted to thank you for the invitation to attend your seminar at the convention center on Friday.
金曜日のコンベンションセンターでのセミナーに（出席する）招待をしてくださったことに、お礼を述べたかったのです。

invitation「招待」、attend「出席する」。
Thank you の部分を少し変えた表現です。

Many thanks for sending proforma invoices number 334 and 335.
プロフォーマ・インボイス 334 と 335 を送っていただき、たいへんありがとうございます。
Thanks for the arrangement.
アレンジしてくれてありがとう。

　Thank you for ... は、儀礼的な一文としても頻繁に使います。いくつかの表現を見てみましょう。どれも便利に使えるはずです。

Thank you for your assistance.
ご支援に感謝します。
Thank you for your help.
助けていただいてありがとうございます。
Thank you for your purchasing.
ご購入いただきありがとうございます。
Thanks again for your support.
ご支援に、再度感謝いたします。
Thanks in advance for your support.
ご支援（してくださること）に、前もって感謝します。

　第 2 章の通信文サンプルの中には、Thank you for ... を使ったセンテンスがいくつも登場します。ここでは、その中から 1 つだけ見ておきます。

Thank you again for your help.
手助けしてくださることに、再度感謝します。

　以下は、受け取ったもの（たとえば、注文請書）に対してお礼を述べた後に、一文付け加えている例です。案外よく使う書き方のパターンですから、参考に見ておきましょう。

Thank you for the proforma invoice for our order. I can confirm the details are correct, so please proceed.
注文への請書をありがとうございます。詳細は間違いありません。（このまま）進めてください。

confirm「確認する」、detail「詳細」、proceed「続ける、続行する」。

◆基本の3構文

3 I have … / We have …

「…があります」「…がいます」

「…があります」「…がいます」という意味を表わします。さまざまなシーンで使えます。ここで紹介する例文は、応用しやすいものばかりです。じっくりと見てみましょう。

まずは、このセンテンスからです。

I have an inquiry for some hair-gel products.
いくつかのヘアジェル製品について、質問があります。

inquiry [enquiry]「疑問、質問、問い合わせ」の前の不定冠詞「an」を忘れないようにします。for が「…について」という意味を表わすことも押さえておきましょう。

よく似たセンテンスを1つ見てみます。

I have another request for you.
もう1つリクエストがあります。

この for you は、「あなたに」という表現です。I have a request for you. は「あなたにお願いがあります」という決まり文句です。このセンテンスでは、another が用いられています。両方とも、やや口語的な表現です。

We have a customer who has requested replacement nibs for FP-10 fountain pens.
万年筆 FP-10 の交換用ペン先を注文した顧客がいます。

このセンテンスでは、主語に We（＝弊社）を使っています。replacement「取替え、取替え品」、nib「ペン先」。a customer who has requested replacement nibs の部分が「交換用ペン先を注文した顧客」です。for FP-10 fountain pens は「万年筆 FP-10（品番）のための」です。request は、実際的には order という意味です。単語を置き換えても大丈夫です。

E メール文章の書き出しで、状況説明をするために、このセンテンスを使うことをイメージしてみましょう。このセンテンスの後に、詳細を書き続けていくことがイメージできるでしょうか。

こうしたセンテンスは、読んで理解することはできても、手本となる例文を見ないで書くのは難しいものです。自分で考えて書くものではないと考えましょう。「見たことがあるから書ける」のです。そのことを意識して繰り返し読んでみましょう。

I have had an urgent request from Mr. Smith at CDE Company.
CDE 社のスミスさんから、緊急のリクエストを受けました。

urgent「緊急の、急を要する」。
実は使いこなせる人の少ない「現在完了」時制を用いたセンテンスです。現在完了時制は、時制が苦手な人は混乱しやすいため、本書でもあまり紹

介していませんが、ここでは I have had ... とあれば、それが現在完了時制であることを再確認しておきましょう。

こうした、いわば「ややこしい時制」は、無理に使う必要はありません。しかし、その代わりに過去形（had）の文章を用いる場合には、たとえば、**I had an urgent request from Mr. Smith at CDE Company *this afternoon.***「今日の午後に…」などとして、「時」（それがいつか）を明確に表わす必要があります。この点だけは、しっかり覚えておきましょう。

We have the following suggestions on the barrel design of your new hair-spray.
御社の新しいヘアスプレーのバレル（＝ボディ）デザインについて、以下の提案があります。

---

the following suggestions on ...「…に関する以下の提案」。We have the following suggestions on ... を使ってセンテンスを書けば、その後に提案を箇条書きにもできますから便利です。barrel「円形の筒、円筒部」。

もう2つだけセンテンスを見てみます。

I have no idea what this invoice is for. Another invoice covers the items shown on this one.
この請求書が、何に対するものかわかりません。もう1通の[別の]請求書が、これに記載された品目をカバーしています。

I have no idea.（何のことかわからない）は、ラフな言葉遣いになりますから、すでに親しい間柄にある相手に限定して使用します。Another ... のセンテンスは、I have no idea what this invoice is for. に続くセンテンスとして、参考までに紹介しているものです。

これは第2章の通信文サンプルに出てくるセンテンスです。

Our office has a human resources development session coming up which coincides with your assignment over here.
お仕事でこちらにお越しになられるときに、私どもの職場で人材開発の会合があります。

human resources development「人材開発」、come up「起こる、生じる」、coincide「同時に起こる」、assignment「任務、仕事」。主語を「弊社＝私どもの職場」としています。

　これが本書で紹介する中で、おそらく最も構造の複雑なセンテンスと考えてください。このセンテンスが難しいと感じる場合には、

Our office has a human resources development session coming up. It coincides with your assignment over here.

と、2つのセンテンスに分ければ大丈夫でしょう。

書き出しに使う、
組み立てに便利な8構文

　ビジネスレターやEメールの「書き出し」に使う、文章を組み立てるのに便利な構文を紹介します。

　通信文を書くときに、書き出しの1行は、案外つまずきやすいものです。そんなときは、どんな書き方をするか考えても仕方がありません。書き出しの1行は、**決まりきった構文**を使って書き上げます。

> ④ Please find ...
> ⑤ Please confirm ...
> ⑥ Can you please ...?
> ⑦ Is it possible to ...?
> ⑧ This is to ...
> ⑨ I would like to ...
> ⑩ I need ...
> ⑪ regarding ...

　これらを使いこなすと、文章の構成も整えやすくなり、全体をスラスラと書きやすくなるでしょう。

第 1 章　読むだけで使いこなせる 40 構文

4　Please find ...

「（添付のファイルなど）をご覧ください」

　E メールには、ファイルなどを添付することが多いですね。この構文は、「（添付のファイルなど）をご覧ください」というセンテンスを書くために使います。レターの場合には、同封物を指すことになります。文章の書き出しに便利です。

　以下の例が基本的なセンテンスと考えてください。第 2 章の通信文サンプルにも登場するセンテンスです。

Please find the slides attached.
添付のスライドをご覧ください。

　スライドとは、パワーポイントなどのプレゼンテーション用スライドの総称です。まずは、このセンテンスをじっくり見てみましょう。そこから応用の仕方を考察していきます。attached「添付の」。

◆書き出しに使う、組み立てに便利な8構文

次のセンテンスを見てみます。

Please find the program for the 22nd September dinner meeting attached.
添付の9月22日のディナーミーティングのプログラムをご覧ください。

Please find the slides attached. と同じ構造です。the slides が the program (for the 22nd September dinner meeting) に代わっています。この2つの例文を知っていれば、単語を置き換えるだけで、「添付の…をご覧ください」という文は書きこなせるでしょう。
　英文Eメールやレターは、はじめの1行がなかなか難しいものです。それでも、このセンテンスが書ければ、後は用件をつなげていくだけです。

次は、Please find 以下が少し異なる表現を見てみます。

Please find attached a copy for our latest hair-gel order.
添付した弊社の最近のヘアジェルの注文の写しをご覧ください。

このセンテンスでは attached が Please find のすぐ後に続いていますが、これも「添付の…をご覧ください」という際の典型的な書き方です。copy「写し、複写」。latest は「最近の、最新の」という意味を表わします。order「注文」。

さらに他の表現も見てみましょう。

Please find the accompanying report of my meeting with CDE Inc. yesterday.
昨日のCDE社とのミーティング・レポートを添付しますので、ご覧ください。

accompanying report「添付のレポート、一緒に付いているレポート」。

和訳は、直訳よりも読みやすくするために、センテンスの意味を汲み取り、上記のようにしていますが、「昨日の my meeting with CDE Inc. のレポートが添付してありますから見てください」という意味が理解できれば OK です。

このセンテンスが長すぎて書けないと感じる場合には、もちろんセンテンスを 2 つに分けても構いません。

はじめに紹介した Please find the slides attached. を応用して Please find the report attached. と書き、This is a report of my ... とすれば、同じ意味を表わすことができます。

レターを郵送して、同封物について説明したいときには、たとえば、こんな書き方をします。

Please find enclosed the marketing proposal for the target sales channels for your new product, XI-101.
御社新製品 XI-101 がターゲットとする販売チャネルへのマーケティング提案書を同封しますので、ご覧ください。

enclosed「同封した」、proposal「提案書、申し出」、sales channel「販売チャネル、販売経路」。

5 Please confirm ...

「…を確認してください」

「…を確認してください」というセンテンスを書くときに使います。文頭に用いて、用件を伝えるイメージです。そうした例をいくつか見てみましょう。もちろん Please confirm ... とストレートに書いてもよいのですが、もう少し丁寧に、洗練された書き方を目指します。

Please can you confirm the price for the clear case a-1?
クリアケース（透明のケース）a-1（品番）の価格を確認していただけますか。

　Please confirm を Please can you confirm ...? と丁寧な表現にしています。Can you please confirm ...? としても、もちろん同じ意味を表わします。

　ここで合わせて、the price for 以下が異なるセンテンスも見てみましょう。上記のセンテンスよりも複雑ですが、このようなセンテンスが書けると知っておくだけで大丈夫です。覚える必要はありませんから、いつか似たようなことを書くときに、再度参照してください。

第 1 章　読むだけで使いこなせる 40 構文

Please can you confirm the price for the clear case used to hold two bottles of hair-gel XI-101?
ヘアジェル XI-101 のボトルが 2 本入るクリアケースの価格を確認していただけますか。

used to hold two bottles ... の前には、that is が省略されています。この部分は、直訳すると「2本のボトルを収容するのに使われる」となります。

さらに詳細を加えて、長く書くこともできます。

Please can you confirm the price for the clear case used to hold two bottles of hair-gel XI-101, printed with the brand logo in blue?
ヘアジェル XI-101 のボトルが 2 本入る、青色のブランド・ロゴが印刷されたクリアケースの価格を確認していただけますか。

このくらいのセンテンスを書くには、かなり英文ライティングに慣れる必要があるように思えるでしょう。その通りなのですが、そのためにすべきことは、こうしたセンテンスを読んで、真似して書いてみることです。単語だけ代えて使ってみましょう。

さあ、別のセンテンスも見てみましょう。

Please confirm by return that the clear cases have shipped from your factory in China.
クリアケースは御社の中国工場から出荷されたか、折り返し確認してください。

Please confirm by return ... という表現を使っています。その後はthat 以下で、折り返し確認してほしい事柄について述べています。

こうした用件は、何かの話の続きですから、この問い合わせの前にも、メールによるやり取りがあったと考えられます。そのため、次のような表現を合わせて覚えると便利です。

With reference to the below email, please confirm by return that ....
以下のEメールに関してですが、…について折り返し確認してください。

that 以下に「折り返し確認してほしい事柄」を書くパターンとして、次の（丁寧な）表現も便利です。

Could you please confirm that it would be possible to ... ?
…することは可能かどうか、（折り返し）確認していただけますか。

たとえば、次のようにして使います。

Could you please confirm that it would be possible to ship flyers at the beginning of November?
11月のはじめにチラシを発送してもらえるか、確認していただけますか。

ship「発送する」、flyer「チラシ」。

第1章　読むだけで使いこなせる40構文

　文末に使う例も1つだけ見てみましょう。Eメールの最後の一文として使うような場合です。

Please confirm by return.
折り返し、ご確認ください。

Please can you confirm by return. と書いても同じ意味を表わします。

◆書き出しに使う、組み立てに便利な8構文

6 Can you please ... ?

「…してください」

何でもないフレーズに見えるかもしれませんが、「…してください」と何かを依頼するための構文として使います。Can you please ...? および Could you please ...? は、すでに① Please send ... と⑤ Please confirm ... の中にも登場しています。ここであらためて、いくつかのセンテンスを見てみましょう。

Can you please arrange for an extra carton of XI-101 to be on the next shipment?
XI-101 を 1 カートン余分に、次の船積みに載せるよう手配していただけますか。

arrange for ...「…の手配をする」、carton「輸送用のボール紙箱」、shipment「船積み、発送」。

Can you please give me the weights and measurements for your new product CV-55?
御社の新製品 CV-55 の重量と寸法を教えていただけますか。

weight「重量」、measurement「寸法」。

　上記の２つの例文は、それぞれ「手配できますか？」「重量などを教えてもらえますか？」と尋ねているというよりは、「手配してください」「教えてください」と依頼するニュアンスを持っています。

　Can you ... に please を加えることで、尋ねるというよりも、そうするようにお願いするニュアンスが出ます。たとえば、
Can you join us for dinner tonight?
　「今夜夕食に来られますか」は都合を尋ねていますが、
Can you please join us for dinner tonight?
は、「今夜夕食に来てくださいますか」という意味合いが強くなります。
　用件や状況によりますから、please を付けることで、必ずこのように意味合いが変わるとはいい切れませんが、以上のような特徴があることは覚えておきましょう。

Could you please advise me of the weights and measurements etc. of the product and I will forward it on to them.
その製品の重量や寸法などを教えていただければ、それを彼らに伝えます。

　Can you please ... の代わりに、より丁寧な Could you please ... を用いています。
　advise「知らせる、通知する」、forward「転送する、送る」。and の後のセンテンスも参考にしてください。on to [onto] は、「…へ、…の方へ」という意味を表わします。

　セミコロンを使わない場合でも、ビジネス文章では、Can you ... という疑問形の文にもクエスチョンマークを用いないことがあります。

◆書き出しに使う、組み立てに便利な8構文

　日本で英語教育を受けると、疑問形の文にクエスチョンマークを用いないことが、なぜか「間違い」とされているようですが、実際のところ、クエスチョンマークは「必ず用いる」というものではありません。

Please could you let me know the weights and measurements for the hair-spray HS-300 carton.
ヘアスプレー HS-300 のカートンの重量と寸法をお伝えいただけますか。

　(please) let me know ...「…を教えてください、…を伝えてください」（詳しくは129頁を参照してください）。
　Please could you ... は、Could you please ... と単語を並べた順番が異なるだけで、全く同じ意味を表わします。

　主語を you から I に代えた例も見ておきましょう。

Can I please add 480 sets of the NC-10 nail clipper to our purchase order number 11?
弊社注文番号 11 に、爪切り NC-10 を 480 セット追加させていただけますか。

---

　add「加える」、nail clipper「爪切り」、purchase「購入」。

7 Is it possible to ... ?

「…することは可能でしょうか」

すでに⑤ Please confirm ... の後半で、Could you please confirm that it would be possible to ...?（…することは可能かどうか、[折り返し] 確認していただけますか）というセンテンスが登場しています。Is it possible to ...? は、これよりも簡単な表現と捉えてください。「…することは可能でしょうか」と尋ねる構文です。... の部分には動詞が入ります。

We have ordered 12 pieces of each model. Is it possible to increase this quantity to 18 pieces?
それぞれのモデルを 12 個注文しました。この数量を 18 個に増やすことはできますか。

---

increase「増やす」、quantity「数量、量」。have ordered ... は現在完了時制です。

これが Is it possible to ...? を使った典型的なセンテンスです。

ここからは、応用したセンテンスを見ていきましょう。次は、第 2 章の通信文サンプルにも登場するセンテンスです。

Is it possible for you to give me a brief abstract on your talk?
ご講演の簡単な要約をいただくことはできますか。

brief「簡潔な」、abstract「要約、抜粋」、talk「講演、講話」。

Is it possible と to の間に for you を用いています。これは頻繁に使う表現です。直訳すると「あなたにとって可能ですか」となります。Is it possible for him to ... とすれば、「彼にとって…することは可能ですか」という意味になります。

1つ前のセンテンス Is it possible to increase ...? では、18個に増やすことが実際に可能かどうかを聞いていますが、このセンテンスは「要約文をもらえるか」と尋ねるというよりも、Is it possible ...? を使って、Can you give me ...? よりも丁寧に「依頼」をした、と捉えることができます。

My manager has requested if it is possible to add the following to our May production order.
弊社のマネジャーが、5月生産の注文に、下記（の品目）を加えてほしいとリクエストしています。

add「加える」。the following は「下記（の品目）」という意味です。このセンテンスの後に追加したい品目が書かれていると想定してください。our May production order は「5月に生産される弊社の注文」という意味です。

センテンスは直訳すると、「弊社のマネジャーが、5月生産の注文に、下記（の品目）を加えるのは可能でしょうか、とリクエストした」となります。

第 1 章　読むだけで使いこなせる 40 構文

Could you please confirm if it is possible to manufacture these items in May? I will need to give CDE Inc. an expected shipment date.
これらの品を 5 月に製造できるか確認していただけますか。発送予定日を CDE 社へ伝える必要があります。

confirm「確認する」、manufacture「製造する」、item「品、品目」、expected「予定された」、shipment「船積み、発送」。

Is it possible to ...?
Please confirm if it is possible to ...?
Could you please confirm if it is possible to ...?

これらは、この順番に丁寧さが増していきます。

　上記例文の 2 つ目のセンテンス I will ... は、1 つ目のセンテンスで確認の依頼をしている理由を伝えています。I will need to ... は「…することが必要になる」という表現です。Is it possible to ...？とは直接関係ありませんが、覚えておくと便利です。

◆書き出しに使う、組み立てに便利な8構文

8 This is to …

「このレターは…です」

「このレター [E メール] は…です」と書くための構文です。連絡や通知をする文章に便利です。いくつかの例を見てみましょう。

This is to inform you that your order no. 123 will be ready in the beginning of next month.
これは、御社の注文番号 123 が来月はじめに準備できることをお伝えするものです。

より自然な日本語に訳すと、「御社の注文番号 123 は、来月はじめに準備が整います」となります。inform「通知する」。

続いて、相手の注文通りに準備できないことを伝えるセンテンスです。

This is to inform you that we are unfortunately not able to manufacture some of the goods from your order number 124 by the end of this month.
これは、御社注文番号124のいくつかの品を今月末までには、残念ながら製造できないことをお伝えするものです。

This is to inform you that までは、前のセンテンスと全く同じです。unfortunately「残念ながら」、manufacture「製造する」、goods「品物、商品」。

以下はEメールで、ちょっとしたことを伝えるときの表現です。このセンテンスは、「休暇を取るため、事務所を不在にすること」を伝えています。

This is just to let you know that I will not be in the office between 15th and 25th, as I am on holiday.
休暇を取りますので、15日から25日までの間、事務所におりません。

This is to let you know that ... は「that以下をお伝えします」という表現です。inform を使うほうが丁寧だと覚えてください。例文には just「ただ…だけ、…に過ぎない」が加えられています。「大したことではありませんが」というニュアンスを与えたいときに便利です。

This is just to let you know that ... を使ったセンテンスをもう1つ見てみます。

This is just to let you know that I managed to prepare the brochures for your office today.
本日、御社向けのパンフレットが準備できたことをお伝えします。

manage「何とかやり遂げる」、prepare「準備する」、brochure「パンフレット、小冊子」。

「ちょっとしたこと」を伝えるときに重宝する構文ですが、ある程度親しい間柄の相手のみに使用は限定されます。頻繁にEメール通信をするような相手であれば、むしろフレンドリーな通信文で問題ありませんが、丁寧に物事を伝えるべき相手には、やはり This is to inform you that ... を用いて書くのが無難です。

次は、remind「気付かせる、思い起こさせる」を使った例です。「すでに相手に伝えてあることについて、念を押しておきたい」。そういうときに便利です。失礼にならないよう、あっさりと上手に「リマインド」したいところです。

This is just to remind you that our factory will close next week for the winter holidays.
来週は冬期休暇のため、当社の工場は閉まります（ことを再度お伝えします）。

This is just to remind you of our meeting on Monday, December 12th in the ABC hall at 4pm. I am looking forward to seeing you all.
12月12日、月曜日午後4時、ABCホールでのミーティングについて再度ご案内します。みなさんにお会いできるのを楽しみにしています。

This is (just) to remind you that ... には、「すでにご存知のことと思いますが、あらためて that 以下をお伝えいたします」というニュアンスがあります。

be looking forward to ... 「…を楽しみにして待っている」。to の後には動名詞か名詞が来ます。

This is to ... を This letter is to ... や This email is to ... などとすることもできます。

This email is to inform you that I have today arranged to manufacture the product samples referred to in your message.
この E メールは、メッセージで言及されていた製品サンプルを製造するよう手配したことをお伝えするものです。

---

arrange「手配する、手はずを整える」、manufacture「製造する」、refer to ...「…に言及する、指す」。

This email is to inform you that ... が、「この E メールをもって返答します」というニュアンスを与えています。

9 I would like to …

「…したいと思います」

何の変哲もないフレーズですが、「…します」「…したいと思います」などの意味で頻繁に使います。ビジネス文章らしく仕上げるのに便利な構文です。

基本的な用い方から順に、いくつかの例文を見ていきましょう。

I would like to order the following:
120 cartons of Hair-spray HS-100
以下を注文いたします。
ヘアスプレー HS-100　120 カートン

the following「下記のもの」。

We would like to thank you for your purchase.
ご購入いただき、ありがとうございます。

We would like to apologize for the delay in your purchase order no. 22.
貴社のご注文番号 22 に（出荷の）遅れがあり、申し訳ございません。

第1章　読むだけで使いこなせる40構文

apologize「詫びる、謝る」、delay「遅延」、purchase「購入」、order「注文」。

上記3つのセンテンスは、would like to ... を用いることで、丁寧な表現になっています。こうしたシンプルなセンテンスを正確に書くことが大切です。

Firstly, I would like to apologize for the delay in responding.
まずは、返信が遅くなりましたことをお詫び申し上げます。

---

firstly「まずは」、respond「返答、返信」。
　ここでは would like to apologize for the delay が使われており、1つ前の例文とよく似ています。

Regarding your proforma invoice no. 678 for hairmousse HM-300, we would like to request our order to be increased from 30 cartons to 45 cartons.
ヘアムース HM-300 に対するプロフォーマ・インボイス番号 678 についてですが、注文を 30 カートンから 45 カートンに増やしていただきたいと存じます。

---

regarding ...「…について」、proforma invoice「プロフォーマ・インボイス、注文請書」、increase「増やす」、carton「輸送用のボール紙箱」。このセンテンスは比較的長いものの、would like to ... を中心に見ることで、全体の意味（センテンスが述べていること）が捉えやすくなるはずです。
　同じように次のセンテンスを見てみましょう。

Our company's international sales meeting is coming up and I would like to ask you to take care of our supervisor Mr. Kato's stay in California.
弊社の国際セールスミーティングが近づいていますので、私どもの上司、加藤のカリフォルニアでの滞在をお世話いただけるよう、よろしくお願いいたします。

---

come up「近づく」、take care of ...「…の面倒を見る、…の世話をする」、supervisor「上司、管理者」。I would like to ask you to ... は、「…するよう、あなたにお願いしたい」という意味を表わしています。

would like to ... という構文は、文章のはじめだけでなく、いたるところで用いられます。本書第2章の通信文サンプルにも以下のセンテンスが登場します。追って参照しましょう。

I would like to use these for my speech.
これらをスピーチで使いたいと思います。

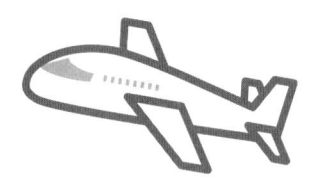

10 I need ...

「…が必要です」

「…が必要です」というとても簡単な構文です。これを使ってどんなことを書けるのか、以下の例文を参考に学びましょう。

I need samples of each color of your new hair-color product.
御社の新しいヘアカラー製品、各色のサンプルが必要です。

上のセンテンスに副詞を1つ付けてみます。

I urgently need samples of each color of your new hair-color product.

urgently「至急に、緊急に」。
そして、ここに「いつまでに必要なのか」を加えてみましょう。

I urgently need by next week samples of each color of your new hair-color product.

by next week「来週までに」。

さらに、「必要な理由」を付け加えてみます。

I urgently need by next week samples of each color of your new hair-color product for our customer's catalogue.

for our customer's catalogue「顧客のカタログ用に（顧客のカタログに載せてもらうために）」。

センテンスは、用件を詰め込んで長く書けばよいわけではありませんが、このくらいであれば、1つのセンテンスで書いても違和感はありません。

別のセンテンスを見てみましょう。I [We] need ... の後に箇条書きする例です。

We desperately need by air freight the following parts:
AG-a 50 pieces
AG-b 75 pieces
航空便にて、以下の部品がどうしても必要です。
AG-a 50個
AG-b 75個

---

desperately「どうしても、ひどく」、the following「次の、下記の」。書き方の1つのパターンとして覚えておきましょう。

Recent sales of hair-gel have reduced our stock levels and so we need to confirm shipping arrangements for our outstanding orders.
最近のヘアジェルの売れ行きなどにより、在庫レベルが下がりました。そのため未出荷の注文の船積み予定について、確認する必要があります。

---

recent「最近の」、reduce「減らす」、confirm「確認する」、shipping「船積み、輸送」、arrangement「準備、手配」、outstanding「未解決の、未決済の」。

「よく売れて在庫が減ったため、まだ出荷されていない注文の発送スケジュールを知りたい」というセンテンスです。so we need to confirm ... という表現を使いこなせると便利です。

もう1つ似たような文章を見ておきましょう。

With less than four weeks to go before the international sales conference in our city, we now need to confirm arrangements for hotel accommodations, transport, functions, etc.
私たちの街で開催される国際セールス会議まで4週間を切っていますので、ホテルでの宿泊、移動の手段、行事等の手配について至急確認する必要があります。

less than four weeks to go before ... が「…まで4週間もない」という意味を表わしています。we now need to confirm の now は「至急、直ちに」という意味です。accommodations「宿泊、宿泊設備」、transport「交通の便、移送」、functions「行事、式典、宴会」。

◆書き出しに使う、組み立てに便利な8構文

最後に、催促をして、その理由を説明するために I [We] need ... を使っている例を見ておきましょう。以下のように使うこともあります。

Is there any advice from your R&D on the new hair-gel product yet? We need to reply to our customer soon.
まだ新しいヘアジェル製品について、研究開発部門から何もアドバイスはありませんか。我々は早く顧客に返答しなくてはなりません。

顧客から、新しいヘアジェル製品について質問を受け、そのために研究開発部門からの返答を急かしています。

R&D は Research and Development の略で、企業の「研究開発部門」のことです。yet「(疑問文で) まだ、もう」、reply「返答する」。

11 regarding ...

「…について(ですが)」

「…について(ですが)」という表現です。使い方のパターンは、それほど多いわけではありませんが、覚えると便利です。

すでに⑨ I would like to ... にも登場しました。

Regarding your proforma invoice no. 678 for hairmousse HM-300,
ヘアムース HM-300 に対するプロフォーマ・インボイス番号 678 についてですが、

同じような例文をもう1つ見てみましょう。proforma invoice「プロフォーマ・インボイス、注文請書」。

Regarding the future production of your new hair-gel in an illustrated tube, we suggest you use a smaller multi-language label.
御社のイラスト（の付いた）チューブに入った、新しいヘアジェルの今後の生産についてですが、より小さなマルチ言語のラベルを使われることを提案します。

future「未来の、将来の」、illustrated「イラストの付いた」、suggest「提案する」、multi-language「多言語の」。labelは、ヘアジェルの入ったチューブに貼り付けるラベル [レーベル] のことです。

regarding をセンテンスのはじめでなく、途中で用いるパターンを見てみましょう。

Following your email regarding the new model of your hair-spray HS series, please can you let me know the price and the approximate dispatch date.
御社のヘアスプレーHSシリーズの新モデルに関するEメールを受け取りましたが、価格とおおよその出荷期日をお教えください。

following ...「…の後に、…に続いて」、let me know「教えてください、伝えてください」（詳しくは129頁を参照してください）。approximate「おおよその」、dispatch「発送」。ここでは、your email regarding ...「…に関する（あなたからの）Eメール」という表現を用いています。

I am writing an article for our company newspaper regarding your visit.
ご訪問について、弊社の新聞（社内報）に記事を書いています。

article「記事」。an article regarding your visit で「あなたの訪問に関する記事」という意味になります。

もう1つだけ例文を見てみましょう。regarding の後の表現も参考にしましょう。

I have received a telephone call from Mr. Smith of XYZ Inc. regarding his shipment of chemical product.
XYZ 社のスミスさんから、化学薬品の発送について電話を受けました。

regarding his shipment of chemical product は、直訳すると「彼の化学薬品の発送について」となります。shipment「船積み、発送」。

同じような意味で regarding の代わりに concerning を使うこともできます。

Concerning the email I received yesterday,
昨日受け取った E メールについてですが、

文中でセンテンスを書きやすくする19構文

　ビジネスレターやEメールの「文中」で、センテンスの作成をラクにしてくれる構文です。ここではビジネス文章の定番といえる構文に加え、一般的には、あまり構文として紹介されることのない熟語も紹介していきます。

　これらを使いこなすことで、伝えたいことが文章にしやすくなります。

⑫ please note ...
⑬ please advise ...
⑭ please be advised ...
⑮ be happy to ...
⑯ suitable for ...
⑰ be interested in ...
⑱ one of ...
⑲ together with ...
⑳ details of ... / details for ...
㉑ refer to ...
㉒ as soon as ...
㉓ available
㉔ sorry to ... / sorry for ...
㉕ depend on ...
㉖ if so, ...
㉗ also
㉘ not only ..., but also ...
㉙ be able to ...
㉚ I (would) appreciate it if you could ...

　特に難しい表現を使うわけではありません。むしろ簡単な言葉遣いでも、十分にビジネスらしい表現になると気付くはずです。じっくりと読んでいきましょう。

12 please note ...

「…ですので、よろしくお願いします」

noteは「…（ということ）に気を付ける、…に気付く」という意味です。please note ... を直訳すると、日本語がたどたどしくなってしまいますが、「…ですので、よろしくお願いします」という程度に捉えておけばOKです。please note ... を用いることで、きちんとした案内や通知のセンテンスらしくなります。

Please note that our office will be closed on Monday, September 20th for a national holiday.
9月20日の月曜日は祝日のため、弊社のオフィスは休業いたします。

このように、ちょっとしたことを伝えるときに便利です。Please noteの後にthatを置いてつないでいます（thatは省略することもできます）。national holiday「祭日、（国民の）祝日」。
＊単にholidayといったり、public holidayともいいます。

◆文中でセンテンスを書きやすくする19構文

Please note this is very urgent.
これはたいへん急を要します［大至急でお願いします］。

Please note なしで、This is very urgent. とだけ書くよりも丁寧な表現になります。

Please note I will be checking my emails while away.
不在の間もEメールをチェックしています。

このセンテンスも I will be checking my emails while away. の前に Please note を置くことにより、「感じのよい一文」になっています。

Please note that the web-seminar is a combination of PowerPoint slides and audio.
このウェブセミナーは、パワーポイントのスライドと音声の組み合わせです。

少し込み入った内容のEメールなどで、「…ですから、よろしくお願いします」というニュアンスで使うパターンと捉えてください。web-seminar とは、ウェブ上で行なう（見ることのできる）セミナーのことです。

ここまでの例文で、please note (that) の使い方は、よく理解できたと思います。少し長いセンテンスで使う例も見ておきましょう。

第 1 章　読むだけで使いこなせる 40 構文

Regarding the order form that we discussed last week, please note that we will revise the format and send it to you within two weeks.
先週お話した注文書につきましては、体裁を整え直し、2週間以内にお送りいたします。

order form「注文書」、discuss「話し合う、議論する」、revise「改定する、修正する」、format「体裁、型」、within ...「…以内に」。
regarding ...「…について（ですが）」と組み合わせたセンテンスです。これも please note があることで、丁寧な一文となっています。

最後に、「こういう使い方もある」という例です。

Please note that we will be sending samples of our promotional materials. They include:
弊社の販促用素材のサンプルをお送りします。それらは以下（の箇条書き）を含みます。

promotional materials「販促用素材、販促拡材」、include「含む」。Please note that がなくても同じ意味を表わしますが、センテンスのはじめに用いることで、丁寧なビジネス文書らしい表現になっていることがわかるでしょう。

◆文中でセンテンスを書きやすくする 19 構文

13 please advise …

「…をお伝えください」「…をお教えください」

advise には、いくつもの意味がありますが、ここでは「知らせる、通知する」という意味で用います。Please advise. とだけ書けば、「お伝えください」あるいは「お教えください」という意味になります。結びの一文として用いることもあります。まずはその例です。

Do you plan to use your laptop or ours for the presentation? Please advise.
プレゼンテーションでは、ご自分のノート PC を使われますか、それとも私どもの PC を使われますか。お教えください。

Please advise. がなくても、尋ねていることは変わりませんが、このように使うことは覚えておきたいところです。laptop (computer) とは日本語でいうノートパソコンのことです。lap（ひざ）の top（上）に置くパソコンという意味です。

Please advise your availability and acceptance.
お引き受けいただけるかどうかお教えください。

第 2 章の通信文サンプルからの一文です。直訳では、「ご都合 (availability) とご承諾いただけるかどうか (acceptance) をお教えください」となります。Please advise ...「…をお教えください」というスタイルです。

ここから先もいくつかの例文を見てみます。Please advise に続く言葉のパターンを覚えましょう。何度か目を通すだけで OK です。

Please advise the dispatch details for the new product DF-90 for our order no. 65?
弊社注文番号 65、新製品 DF-90 の出荷の詳細を教えてください。

dispatch「発送」、details「詳細」。

Please advise how soon you can dispatch.
どのくらい早く発送できますか。

直訳すると「どのくらいすぐに発送できるか教えてください」となります。Please advise how ... という形を覚えましょう。この例文は、Please advise how quickly ... としても、同じ意味を表わします。

Can you please advise if you are able to change your flight, or is it now fixed?
フライトを変えることができるか教えてください。それともすでに決定していますか。

Can you please advise if ...? が、「…かどうか教えてください［教えていただけますか］」という意味を表わしています。fix「決定する、確定する」。

上記の３つのパターンが使いこなせれば、他にもさまざまな応用ができるようになるでしょう。

　最後に、もう２つのセンテンスを見てみましょう。please advise の使い方の例として、参考に目を通しておきます。

We have reviewed the product specifications and they are fine. Please advise when we can begin ordering this line.
製品の仕様を拝見しましたが、よくできています。この製品ラインをいつから注文できるか教えてください。

---

　review「よく調べる」、specification「明細事項、仕様（書）」、begin ...「…をはじめる」。this line は this product line「この製品ライン」を意味しています。

Also, please advise the barcode numbers for this product range when available.
それから、この製品群のバーコード・ナンバーが入手可能になったらお伝えください。

---

　also「…もまた、さらに」。product range は、上記のセンテンスのthis (product) line と同じことを意味しています。range は「（同種の）セット、（製品の）品揃え」のことです。
　available「入手可能な、利用できる」。when available で、「入手できるようになったら」という意味を表わします。when it is available としても同じ意味です。

14 please be advised …

「…をお伝えします」

⑬の please advise … に続いて、please be advised … を見てみましょう。

please advise … は「…をお伝えください、…をお教えください」という意味でしたが、please be advised … は受身形ですから、直訳すると「…であることを通知されてください」となります。「…をお伝えします」というのが、日本語らしい適切な訳になります。

Please be advised that your payment is three weeks overdue.
お支払いが3週間遅れていることをお伝えします。

overdue「期限を過ぎても未払いの」。Your payment is three weeks overdue. を Please be advised につなげることにより、通知文らしいセンテンスになります。

こうした内容の通知の場合には、書面により支払い請求をしたことを記録しておく必要があります。そのため、このように「きちんとした文章」で伝えておくのが無難です。

Please be advised ... は、上記のような事柄だけでなく、単なる連絡にも頻繁に使用します。

Please be advised that our office will be closed for the New Year holiday from December 28 to January 5.
弊社オフィスは、12月28日から1月5日まで、年末年始の休暇のため休業いたします。

Please be advised that we will not be placing any order this week.
今週は何も注文しないことをお伝えします。

頻繁に通信している相手に「今週は、注文はありません」と伝えるところをイメージしてください。この場合にも Please be advised that があることにより、丁寧さを保つことができます。

Please be advised that we have sent our purchase order sheet no. 345 for your new product MD-90.
御社の新製品 MD-90（の購入）に、注文書番号 345 をお送りしたことをお伝えします。

「新製品を注文しました」と伝えるセンテンスです。

次は、Please be advised ... を用いたセンテンスの後に、箇条書きをするスタイルです。参考に見ておきましょう。

Please be advised that the following human resource development courses have been timetabled:
Course 1-1
Course 1-2
下記の人材開発コースの予定表がつくられました（のでお伝えします）。
コース 1-1
コース 1-2

the following「次の、下記の」、human resource development「人材開発」。timetable とは、時間割を含む「予定表」のことです。ここでは「予定表をつくる」という動詞として使われています。

例文は、下線の部分をクリックするとコースのスケジュールが見られるというイメージで捉えてください。無理にこのような使い方をする必要はありませんが、こうしたスタイルで書くこともあることだけ覚えておきましょう。

最後に、「…についてですが」という構文と合わせて書いたセンテンスを見てみましょう。こうして他の構文と組み合わせると、文章が書きやすいこともあります。

With regard to the hair-gel bottle labels, please be advised that we will be dispatching 20,000 pieces tomorrow to your office in New York.
ヘアジェル・ボトルのラベルについてですが、明日ニューヨークの御社オフィスへ2万枚発送します（ことをお伝えします）。

with regard to …「…についてですが」は、⑪ regarding … とは別の構文です。dispatch「発送する」。

15 be happy to …

「喜んで…いたします」

ここからは少し「熟語」も見ていきます。本書で構文として紹介する熟語は、簡単でありながら、使いこなせると「ビジネス文章らしくよい感じ」に仕上がるものばかりです。

まずは be happy to … です。…の部分には動詞が入って「喜んで…いたします」という意味になります。随分と簡単な熟語で、意外に思われるかもしれません。私たちはビジネス文章において、何も難しいことを書く必要はありません。小難しい表現やあまりに堅苦しい言い回しよりも、伝えたいことがシンプルに伝わる表現が好まれることを再認識しましょう。

第2章の通信文サンプルからのセンテンスです。

I am happy to do a 20-minute speech.
ぜひ20分のスピーチを担当させていただきます。

be happy to … は、「…することでうれしい」という表現なのですが、ビジネス文章で使うときには「たいへん喜んでおります」という、冷静かつ儀礼的な表現です。したがって、このセンテンスも「本当にうれしくて仕方がありません」というよりは、「喜んでお引き受けいたします」とい

うニュアンスで捉えましょう。

I will be more than happy to attend the dinner meeting.
夕食会にはもちろん喜んで出席します。

　これが唯一の訳し方ではありませんが、このようなニュアンスで捉えるのが適切です。I will be more than happy to ... や I am more than happy to ... は頻繁に使う表現ですから覚えておきましょう。more than happy to ... は、「もちろん…したい」「ぜひ…したい」と訳すのが基本です。attend「出席する」。

　上の2つのセンテンスを合わせてみます。

I will be more than happy to attend the dinner meeting and I am happy to do a 20-minute speech.
夕食会にはもちろん喜んで出席し、ぜひ20分のスピーチも担当させていただきます。

　「夕食会、スピーチの両方とも OK」であることを「ビジネス文章らしく」伝えています。さまざまな用件に応用できると思います。

　少し違うセンテンスを見てみましょう。

They are now happy to proceed with our orders.
彼らは、今から弊社の注文を進めてくれるそうです。

　注文を出した後、それが保留されたケースを想定してください。注文を受けた側に何らかの確認が必要だったようです。現在その確認がすみ、正式に受注されました。そのことについて伝えるセンテンスです。be happy to ... が「特に問題なく、彼らは喜んで…」という意味を表わして

います。proceed with ...「…を続ける、…を続行する」。

次のセンテンスは、セールスのときなどに使います。

We would be happy to discuss your needs.
御社のニーズについてお伺いできれば幸いです。

discuss「話し合う、議論する」。

最後に「**ぜひ参加したいです**」という表現を見てみましょう。

I will be happy to join.

はっきりとした意思表示になります。

16 suitable for ...

「…に合う」「…に適した」

「…に合う」「…に適した」と述べたいときに使います。いくつかの例文を読んで、どんなニュアンスで使うのかを捉えましょう。

We would like to start the planning for the Hokkaido tour for the middle of February. Could you please confirm this timing is suitable for your company people?
２月中旬の北海道旅行の計画をはじめたいと思います。このタイミングは、御社のみなさんにとって適当かどうか確認していただけますか。

　取引先の何社かが集まって、一緒に旅行をするところです。これは、世話役になる会社の担当者からのメールです。「この時期でよろしいですか」と尋ねるところで、suitable for ... を用いています。confirm「確認する」。

◆文中でセンテンスを書きやすくする19構文

It seems our new product WB-20, electronic whiteboard is not suitable for their office environment.
当社の新製品WB-20電子ホワイトボードは、彼らのオフィス環境には合わないようです。

It seems ...「…のように思われる」。not suitable for ... は「…には合わない」という表現です。

Would you please recommend the most suitable product for our needs?
私たちのニーズに最適な製品を推薦してくださいますか。

recommend「推薦する」。the most suitable 〜 for ...「…に最適な〜」という表現です。

Can you please prepare samples of hang-sell bags suitable for your new marker M-10, as we have a sales meeting next week.
来週セールスミーティングをしますので、御社の新しいマーカーM-10に合うハングセルバッグのサンプルを準備してもらえますか。

hang-sell bagとは、商品を店頭で吊るして陳列する袋のことです。hang-sell bags suitable for your new marker「御社の新しいマーカーに合うハングセルバッグ」では、bagsとsuitableの間にthat areが省略されています。

ここからは、「…するのに適した」という表現を見てみます。

KI-11 is also a reliable machine suitable for producing small quantities of many different products.
KI-11 も多品種を少量生産するのに適した、信頼性の高い機械です。

also「…もまた」、reliable「信頼性の高い、頼りになる」、quantity「数量、量」。

This production method is suitable for reducing extra part inventory.
この生産方法は、余分な部品在庫を減らすのに適しています。

method「方法、方式」、reduce「減少させる、減らす」、extra「余分な、必要以上の」、inventory「在庫品（の総量）」。

こうした … suitable for doing を用いたセンテンスが使いこなせれば、表現できることが増えていきます。センテンスの構造を理解できれば、後は慣れるだけです。根気よく何度も例文に目を通しましょう。

17 be interested in …

「…に興味がある」「…に関心がある」

「…に興味がある」「…に関心がある」という表現です。英文を書き慣れている人や、英語の中で生活している人は、こうした簡単な熟語をこなれた感じで使うものです。私たちにとっても、特に使い方が難しいわけではありません。例文を見て慣れておくことが大切です。

まずはシンプルな例からです。

We are interested in your new products.
御社の新製品に興味があります。

こうした例文を応用して、さまざまな事柄を伝えます。以下では be interested in doing を用いたセンテンスを見ておきましょう。使いこなせると便利です。

This is just to remind you that we are having a dinner party in April. If you are interested in attending, please send your RSVP as indicated below.
4月にディナーパーティーがあることを再度お知らせします。出席されたい場合は、以下に記したように、返信をお願いします。

remind「思い起こさせる、念を押す」、attend「出席する」。RSVP (Répondez s'il vous plaît.) は、フランス語で「お返事ください」という意味です。英語でもこのような使い方をします。
　If you are interested in attending を直訳すると「出席することに興味があれば」となります。as indicated below「以下に記したように」。

If you are interested in seeing the film, fill out the form below and submit it to our office by June 2.
その映画をご覧になられたい場合は、以下の用紙に記入して、6月2日までに私どものオフィスへ提出してください。

fill out the form が「用紙に（必要事項などを）記入する」の部分です。submit「提出する」。If you are interested in doing を1つ上の例文と同じように用いています。

Our store has an increasing number of customers who are interested in using this product at home.
当店では、この製品を自宅で使いたいという顧客が増えています。

increasing「ますます増える」、at home「自宅で」。

be interested in ... は、商談を進めるときのセンテンスに使われることも多くあります。

◆文中でセンテンスを書きやすくする19構文

We are wondering if you are interested in promoting your products in East Asia.
東アジアで御社の製品を売り込むのに関心をお持ちでしょうか。

wonder「(…かしら) と思う」、promote「販売促進する」。

Our company is interested in handling your products in Japan.
弊社は、日本で御社の製品を扱うことに関心があります。

handle「取り扱う」。

第2章の通信文サンプルに登場する例文です。

We visited your booth at the Osaka International book fair last month and were interested in your book "How to speak business English".
先月の大阪国際ブックフェアで、御社のブースを訪れ、『ビジネス英語の話し方』という本に興味を持ちました。

私たちは be interested in … という熟語を中学校か、人によってはそれよりも早くから知っているはずです。こうした言葉こそ上手に使いたいですね。繰り返し声に出して読んでみましょう。

18 one of ...

「…のうちの1つ」

「…のうちの1つ」という表現です。どんな使い方をするのか見てみましょう。

はじめに自社紹介をする際の例文です。

We are one of the largest bookstore chains in Japan.
私たちは、日本で最も大きな書店チェーンの1つです。

Our company is one of the biggest manufacturers of sewing machines in Asia.
弊社はアジアで最も大きなミシン製造会社の1つです。

manufacturer「メーカー、製造業者」、sewing machine「ミシン」。これらの例文は、どちらも「弊社は…の1つ」と述べています。

次の例文は、one of ... を主語にしたパターンです。

One of our customers needs our new products in January for their exhibition.
顧客の 1 社が、彼らの展示会のために、1 月に弊社の新製品を必要としています。

exhibition「展示会、展覧会」。

one of ... が、センテンスの別の部分で使われるパターンも見てみましょう。

We need 100 dozens of N-10 as soon as possible for one of our important customers.
お得意様のうちの 1 社のために、N-10 を 100 ダース、できるだけ早く必要です。

as soon as possible（できるだけ早く）を省くと、シンプルな構造だとわかるはずです。

one of ... を主語にして、One of our important customers needs ... としても、同じ用件を伝えることができます。どのような書き方をしてもよいのですが、ここでは例文を 1 つの書き方のパターンとして、参照しておきましょう。

one of our important customers は、直訳すると「私たちの大事な顧客の中の 1 社 [1 人]」となります。ここで参考までに、「私たちの大事な顧客の 1 社」という表現をいくつか紹介しておきます。

one of our most valued customers「最も価値のある顧客の 1 社」
one of our most loyal customers「最も忠誠な顧客の 1 社」
one of our biggest clients「最も大きなクライアントの 1 社」

They do not want to have large quantity of stock, but they are sure they will have your hang-sell nail clippers as one of their promotion items.
彼らは在庫をたくさん持ちたくありませんが、御社のハングセルに入った爪切りは、販売促進品目の1つとして持つことが確かです。

quantity「数量、量」。hang-sell「ハングセル（商品を店頭で吊るす袋入りの）」。nail clipper「爪切り」。as one of their promotion items「彼らの販売促進品目の1つとして」は、覚えておくと便利な表現です。

I have four Word files to send you. One of these is 20MB. Are you able to receive this by email?
お送りするワードファイルが4つあります。そのうちの1つは20メガあります。Eメールで受け取ることができますか。

receive「受け取る」。この例文は、「20メガは（容量が大きいですが）受け取れますか」ということを聞いています。

one of ... の使い方とは関係ありませんが、One of these is 20MB. の is の部分に注目してください。私たちは日本語で「そのうちの1つは20メガある」などというため、is ではなく has などを使ってしまいがちです。それでも間違いではありませんが、is を用いて「そのうちの1つは20メガです」とすれば大丈夫であることを確認しておきましょう。「20メガあります」「20メガの重さです」という日本語には囚われないようにします。

最後に、第2章の通信文サンプルに登場する例文を見ておきましょう。

◆文中でセンテンスを書きやすくする 19 構文

We are one of the largest home appliance manufacturers in Japan and are looking for some English education materials for our employees.
弊社は、日本で最大の家電メーカーの1つで、従業員用の英語教育の教材を探しています。

　home appliance「家電」、manufacturer「メーカー、製造業者」、education material「教材」、employee「従業員」。

19 together with ...

「…と一緒に」「…と合わせて」

「…と一緒に」「…と合わせて」という意味を表わします。どんな使い方をするのでしょうか。ひと通り見てみましょう。

Please advise the shipping schedule together with the freight cost.
貨物運送料と合わせて、船積みのスケジュールを教えてください。

advise「知らせる、通知する」、shipping「船積み、輸送」、freight cost「貨物運送料」。

The goods will be ready for shipment together with your order number 23 next month.
品物は来月、御社の注文番号23と一緒に、発送準備が整います。

goods「品物、商品」、shipment「船積み、発送」。
　こうしたセンテンスは、読んで理解するのは難しくありませんが、大切なのはもちろん自分で書けるようになることです。together with ... が、

他のどんな単語と一緒に使われているか、注意して見てみましょう。それが上達のコツです。

　上の2つの例文には、用件（尋ねたいこと、あるいは伝えたいこと）が2つずつありました。次のセンテンスには用件が3つあります。

Could you please take some photos of your new office and email them to me together with details of the location?
御社の新しいオフィスの写真を撮って、所在地の詳細と共にEメールでお送りいただけますか。

details of ...「...の詳細」、location「場所、所在」。

次のセンテンスには、「送ったもの」が3つあります。

I have just sent to you our product catalog and specifications together with warranty details.
つい先ほど、弊社の製品カタログと仕様書を保証の詳細と共にお送りしました。

just「つい先ほど、今しがた」、specification「明細事項、仕様（書）」、warranty「保証（書）」。

　次は together with ... と、本書に登場する他のいくつかの構文を合わせて書いた例文です。じっくりと目を通してみましょう。

第 1 章　読むだけで使いこなせる 40 構文

Regarding the purchase order number 789 for new hair-gel XI-101, would it be possible to forward this consignment to us by air freight together with the shipment of XI-100? Please advise.
新しいヘアジェル XI-101 の注文番号 789 についてですが、この荷物を XI-100 の発送と一緒に、航空便で送ってもらうことはできますか。お教えください。

purchase「購入」、forward「転送する、送る」、consignment「積送品、委託貨物」、shipment「船積み、発送」、advise「知らせる、通知する」。

together with ... は、上手に使うとセンテンスを組み立てやすくしてくれます。例文によく目を通して、慣れ親しんでおきましょう。

最後に、第 2 章の通信文サンプルに登場する例文です。

I have sent a few free samples together with some samples of other English conversation books.
他の英会話本のサンプルと一緒に、無償のサンプルも数部お送りしました。

free「無料の」。

20 details of … / details for …

「…の詳細」

「…の詳細」という意味で、ビジネス通信文にはよく登場します。どのように使われるのか、例文を見てみましょう。

We are in the process of putting details of the new hair-gel products into our system.
弊社の（コンピュータ）システムに、新しいヘアジェル製品の詳細を入力しているところです。

このセンテンスが長すぎると感じる場合には、in the process of ...「…の途中、…をしているところ」を除いて読んでみましょう。put ~ into ...「~を…に入力する」。

第 1 章　読むだけで使いこなせる 40 構文

Please find below the details of Mr. Smith's stay in Japan:
以下の、スミスさんの日本滞在の詳細をご覧ください。

（参考までに、このセンテンスに続く「滞在先案内」の記載例を見ておきましょう）

Tokyo Airport Hotel
23 Daiichi Street, Narita, Chiba 282-9999
Tel: +81-476-00-0000　　Fax: +81-476-11-1111
Check-in: July 24, 2012
Check-out: July 27, 2012
Confirmation Number: 4500
Bed and Breakfast

I trust these details are satisfactory.
この内容でよろしいかと存じます。
Regards,
敬具

サイン（書き手の氏名）

滞在先を案内するセンテンスをもう1つ見てみます。

Please find attached the hotel details for your visit to Japan.
添付は、日本を訪問される際のホテルの詳細です。

このセンテンスでは、details of ... の代わりに details for... が使われています。他にも details for ... を用いたセンテンスを見てみましょう。

Would you please let me know the delivery details for whiteboard marker WM-10?
ホワイトボードマーカー WM-10 の配送の詳細を教えていただけますか。

let me know「教えてください、伝えてください」（詳しくは 129 頁を参照してください）、delivery「配送」。

Please forward the product details for your new marker K-300.
御社の新しいマーカー K-300 の製品情報[詳細]をお送りください。

forward「転送する、送る」。

details of ... と details for ... をどのように使い分けるかは、明確にいい切れない面もありますが、上の２つの例文のように、details の前に（delivery や product など）details と合わせて１つの意味を表わす単語があるような場合には、~ details for ... として使われることが多い、と覚えておきましょう。

次の例文は、上の Please forward the product details for ... のセンテンスと似ていますが、details of ... が使われています。読み比べてみましょう。

Would you please forward details of your local office in Taipei?
御社の台北事務所の詳細をお送りいただけますか。

local は「現地の」という意味です。和訳の中では割愛してあります。

最後に、第2章の通信文サンプルにも登場する例文を見てみましょう。

In the package I have sent you, I have enclosed the details of our company history.
お送りした小包の中に、弊社の社史の詳細を同封しました。

enclose「同封する」、company history「社史」。

21 refer to ...

「…を参考にする」「…に言及する」

refer to ... では、「…を参考にする、…を参照する」と「…に言及する、…を指す」という 2 つの意味を押さえましょう。例文を見ながら使い方を捉えていきます。

まずは、「…を参考にする、…を参照する」からです。

Please refer to your invoice number 112.
御社の請求書番号 112 を参照してください。

Please refer to purchase order number 336 for reference.
ご参考に注文番号 336 をご覧ください。

for reference は「参考までに」という表現です。refer to ... とは別に覚えておきましょう。for reference があるため、和訳では refer to ... を「…をご覧ください」としてあります。purchase「購入」、order「注文」。

第 1 章　読むだけで使いこなせる 40 構文

Further to Mr. Kato's meeting with Steve today, please refer to the comments detailed below regarding our new hair-gel series.
本日の加藤さんとスティーブの打ち合わせに付言して、弊社の新しいヘアジェル・シリーズに関して、以下に詳述したコメントを参照してください。

やや長めのセンテンスですが、please の前で 2 つに分けて捉えれば、決して難しくないはずです。じっくりと読んでみましょう。further to ...「…に付け加えて」、detail「詳しく述べる」。

次に refer to ... が、「…に言及する、…を指す」という意味で使われた例文を見てみましょう。

Can you please confirm which whiteboard marker you are referring to?
どのホワイトボードマーカーについて言及されているか、ご確認いただけますか。

confirm「確認する」。

Is this the marker you are referring to?
これがお話になっているマーカーですか。

次は、センテンスが 2 つ続いて、2 つ目のセンテンスで refer to ... を使っている例です。上の 2 つの例文と同じく refer to ... を「…に言及する、…を指す」という意味で用いています。

Could you please have a look at the email below from John? It refers to your purchase order number 337.
ジョンからの以下のEメールを見てくださいますか。これは御社の注文番号337について述べています。

have a look at ...「…を見る」。

例文は繰り返し読んで、使い方の感覚を養いましょう。

22 as soon as …

「…するとすぐに」

「…するとすぐに」という意味です。たいへん馴染みのある熟語だと思います。ビジネス文章でも、使用する頻度の高い表現です。使い方のパターンは多くありませんから、いくつかの例文に目を通しておけば、応用できるようになります。

I need 20 dozens of your new whiteboard marker as soon as possible.
御社の新しいホワイトボードマーカーを20ダース、できるだけ早く必要です。

これが as soon as … の最も基本的な使い方と考えてください。as soon as possible（できるだけ早く）を用いています。

Please inform us as soon as you can.
できるだけ早く伝えてください。

as soon as you can という表現です。直訳すれば「あなたができる

◆文中でセンテンスを書きやすくする19構文

だけ早く」となります。これも非常によく使う表現です。inform「通知する、伝える」。

> **Please proceed with arrangements to ship as soon as possible and fax copy documents when you can.**
> できるだけ早く発送の手続きをして、書類をファックスしてください。

proceed with ...「…を続行する、（一旦止めていた状態から）…を再開する」、arrangements「手続き、手はず」、ship「発送する」。fax copy documents は、より正確に訳すと、「書類の控え［写し］をファックスする」という意味になります。

when you can は直訳で「あなたができるときに」となりますが、センテンスにおける意味合いとしては、「発送の手はずを整えたらすぐに」といったところです。

> **We currently have our customer in the office and need this updated information as soon as it is available.**
> 現在、お客様がオフィスにおられまして、この最新情報をすぐにでも必要とされています。

currently「現在、今は」、update「最新のものにする、更新する」、available「入手可能な、利用できる」。as soon as it is available は「入手できるようになったらすぐに」という意味です。和訳では「すぐにでも」としてあります。

> **We will of course rush to ship your order as soon as we receive the components from the supplier.**
> 弊社はもちろん、サプライヤーから部品を受け取り次第、ご注文の出荷に向けて、急いで作業いたします。

このセンテンスでは、顧客からの注文を納期通り出荷できていないシーンを想定してください。製品に必要な部品がサプライヤーから納入されていないのが、納期遅れの原因です。そのことを顧客に説明し、「サプライヤーから部品を受け取り次第…」と述べているのが、この例文です。

　rush は「急いで…する」という意味で、rush to ship your order が「御社の注文の出荷を急ぐ」という意味を表わしています。

　as soon as は、as soon as we receive the components として使われています。「部品を受け取ったらすぐに」という意味です。receive「受け取る」、component「（構成）部品、コンポーネント」、supplier「サプライヤー、供給業者」。

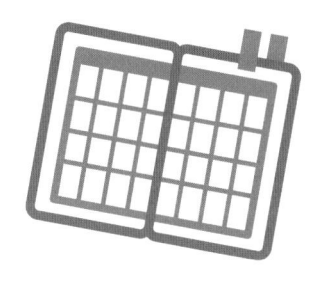

◆文中でセンテンスを書きやすくする19構文

23 **available**

「利用できる」「入手できる」

ここでは available という単語を使った例文を見ていきます。構文でも熟語でもありませんが、available は「利用できる」「入手できる」などの意味を表わし、使い慣れるとたいへん便利です。じっくりと見ていきましょう。

More information on our company is available at www.xxxx.com/japan.
弊社のさらなる情報は www.xxxx.com/japan でご覧いただけます。

How many colors of ink do you have available?
何色のインクがありますか［入手可能ですか］。

　これらのセンテンスは、available の「そこにあって、利用［入手］可能である」という意味がわかれば、難なく理解できるはずです。使いこなせるようになるために、この２つのセンテンスを何度も読み返しましょう。
　英会話などで available の使い方を学ぶときには、Sorry, he is not

available to take your call.「すみません。彼は今電話に出られません[（不在等で）電話に出られる状態にありません]」といった例文で学ぶのが一般的です。

少し長いセンテンスの中で、available を見てみましょう。

Due to the popularity of the whiteboard marker, we have been asked by our customers if purple and orange inks are available.
ホワイトボードマーカーが好評のため、顧客から紫色とオレンジ色はないかと聞かれています。

due to ...「…のために、…が原因で」、popularity「人気、評判」。

Please advise if available and cost for same.
もし入手可能なら、価格と共に教えてください。

これらのセンテンスでは、available がこなれた感じで使われています。advise「知らせる、通知する」、if available「もし入手可能なら」。この例文は、「もし（それが）入手可能で、価格もすでに設定されていれば、同様に教えてください」という意味を表わしています。

第2章の通信文サンプルに登場するセンテンスです。長いセンテンスですが、じっくり見てみましょう。

◆文中でセンテンスを書きやすくする 19 構文

In the package I have sent you, I have enclosed the details of our company history and detailed information of our forthcoming books, which is not yet available on our website.
お送りした小包の中に、弊社の社史の詳細と、まだ弊社ホームページでも紹介していない、これから出版する本の詳細な情報を同封しました。

enclose「同封する」、details「詳細」、detailed「詳細な」、forthcoming「今度の、これから（出る）」、yet「まだ」。

ここからは、available to ... という構文を見てみましょう。

Do you have any empty dozen boxes available to send us?
私たちに送ってもらえる空のダース箱はありませんか。

empty「空の」、dozen「ダース」。

第 2 章の通信文サンプルの例文も合わせて見てみます。

If you are available to join us, could we ask you to give a short talk during the dinner for about 20 minutes.
もしご参加いただけるのであれば、その夕食会の間に、20 分ほどの短い講演をお願いできませんでしょうか。

2 つのセンテンスは、いずれも available to ... の後に動詞をつなげています。何ら難しくありませんが、これにより表現できることが増えてい

きます。

　最後にもう 1 つ見てみましょう。以下の例文では、available と to の間に、for us（私たちが）があります。

Could you please advise if these items will be stocked at your warehouse and when they will be available for us to order?
これらの品は、御社の倉庫で在庫されるかどうか、そして私たちは、いつ注文できるようになるかを教えていただけますか。

---

item「品、品目」、stock「在庫する、販売用に置く」、warehouse「倉庫」。

以上の使い方のニュアンスをよくつかんでおきましょう。

24 sorry to ... / sorry for ...

「…で申し訳ありません」

「…で申し訳ありません」という意味ですが、sorryという言葉が、ビジネス通信文でどのように使われるのか見てみましょう。

Sorry for the late reply.
遅い返信ですみません。

頻繁に使うフレーズです。I am sorry for ...、あるいは We are sorry for ... とすれば、より丁寧な表現になることを覚えておきましょう。reply「返事、回答」。

Sorry for taking a couple of weeks to respond.
返答に数週間もかかり、申し訳ありません。

a couple of ...「2、3の…、いくらかの…」、respond「返答をする」。

> **I am sorry to trouble you, but have you any news on my inquiry for whiteboard marker WM-10.**
> ご面倒をおかけしてすみませんが、ホワイトボードマーカーWM-10への質問について、何か情報はありませんか。

　「すみませんが…」というニュアンスで依頼をしているセンテンスです。trouble「面倒をかける、煩わす」、news「ニュース、情報」、inquiry「疑問、質問、問い合わせ」。

> **Sorry to bother you again with this issue, but I have had a couple of emails from CDE Inc. who need hang-sell bags for your new marker quite urgently.**
> この件でまたご迷惑をおかけしてすみません。しかしながら、御社の新しいマーカーのハングセルバッグを大至急必要としているCDE社から、Eメールが何通か届いています。

　bother「迷惑をかける、面倒をかける」、issue「問題、論点」、hang-sell「ハングセル（商品を店頭で吊るす袋入りの）」、quite「かなり」、urgently「至急に、緊急に」。

　日常的にEメールのやり取りをする間柄における通信文に見えます。堅苦しくもなく、くだけてもいない書き方です。

　次のセンテンスのほうが、書き手と受け手の間に距離を感じます。

> **I am sorry to inform you that the twin room you requested is not available next month.**
> 申し訳ございませんが、リクエストされたツインルームは来月空きがありません。

inform「通知する」、available「入手可能な、利用できる」。

I am sorry to inform you that ...「(that 以下を) お伝えするのを申し訳なく思います」という表現を覚えましょう。

We are terribly sorry for the mistake.
私どもに間違いがあり、誠に申し訳ございません [深くお詫び申し上げます]。

---

terribly「とても、ひどく」。深謝するときには、他にも really sorry, very sorry, deeply sorry といった表現を用いることがあります。

We are sorry that you are not completely satisfied with our product.
弊社の製品に十分ご満足いただけず、申し訳ございません。

We are sorry that ...「(that 以下について) お詫び申し上げます」。これも頻繁に使う表現です。completely「完全に、十分に」。

最後に sorry for ... に似た apologize for ... を用いた例文を見てみましょう。apologize for ... のほうが、「あらたまった」表現と解釈して差し支えないでしょう。sorry は形容詞、apologize は動詞です。

Once again, we apologize for our mistake.
再度、私どもの誤り [間違い] についてお詫び申し上げます。

We apologize for the inconvenience.
ご迷惑をおかけして申し訳ありません。

inconvenience「不都合、面倒」。代わりに sorry for ... を使うと以下のようになります。

We are sorry for the inconvenience.
ご迷惑をおかけして申し訳ありません。

もう1つだけ、よく使うセンテンスを見てみましょう。間違いをおかしたり、説明が不足していた際など、「ややこしいこと」をしてしまったときに使います。

We apologize for the confusion.
混乱を招いてしまい申し訳ありません。

confusion「混乱、困惑」。

◆文中でセンテンスを書きやすくする19構文

25 depend on ...

「…次第です」

「…次第である」「…によって決まる」という意味を表わします。

会話では、It depends.（条件[事情]によりけりです）という表現が頻繁に使われます。Do you want to go to see a movie?（映画を観に行きたいですか）と尋ねられても、あるいは What time are you coming home today?（今日は何時に帰ってくるの）と聞かれても、It depends. と答えることができます。

It depends on ... は、It depends on what movie.（何の映画かによります）などとして使います。もう少しビジネス文書らしい内容で、文章にした場合の例を見てみましょう。

The shipping time also depends on the duration of the customs checking process.
輸送時間は、税関検査の進行にかかる時間にもよります。

輸送時間は、「(depends on 以下)次第で異なる」という意味です。shipping「船積み、輸送」、also「…もまた」、duration「継続時間、期間」、customs「税関」、process「進行（状態）」。

次は、商取引で、値引きについて尋ねられたときの返答です。

It depends on the quantity you are purchasing.
それは、あなたが購入する数量次第です。

quantity「数量、量」、purchase「購入する」。

ここからは、一見複雑に見えるセンテンスが続きます。じっくりと読んでみましょう。実務では、このくらい込み入った内容の話も出てくるはずです。

At the moment it is OK for you to ship this order, although we may need you to air freight some of them depending on demand.
需要によっては、いくらかに空輸が必要になるかもしれませんが、現在のところは、この注文は船積みしてもらえば大丈夫です。

ship「発送する、船積みする」、although「…だけれども」。
センテンス全体がやや口語的ですが、日常的にやり取りする相手となら適切な書き方といえます。必要に応じて真似てみましょう。

次のセンテンスも depend on ... の使い方の例として参考にしましょう。こうした表現は、考えて思い付くものではありませんから、よく見ておくことが大切です。

◆文中でセンテンスを書きやすくする 19 構文

When is the earliest date you could ship WB-10 from our order no. 123? We would consider air freight depending on the date.
弊社の注文番号 123 の WB-10 を発送できる最も早い日はいつですか。その日にち次第で、空輸を考慮したいと思います。

the earliest ...「最も早い…」、consider「考慮する、慎重に考える」。
＊以上２つのセンテンスで動詞 depend が depending と現在分詞になっているのは、分詞の叙述用法によるものです。

最後に、やや長い文を見てみます。
depend on ... が使われているのは、最後の部分だけですが、全体を見て、用件の伝え方、表現の仕方を参考にしてください。

I have asked for the first order to be shipped with September's regular shipment; the second order one month later; and the third order a month after the second. These dates, of course, will depend on when you can ship.
はじめの注文は９月の通常の船積みと共に、２番目の注文は１か月後、そして３番目の注文は２番目の１か月後に発送してもらうよう依頼しました。これらの期日は、もちろん御社がいつ出荷できるかにより（異なってき）ます。

ship「発送する」、shipment「船積み、発送」。

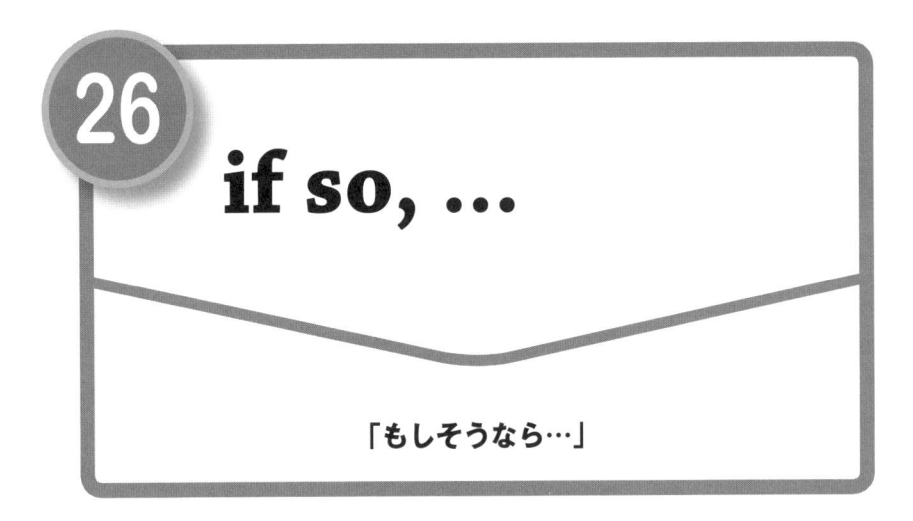

第 1 章　読むだけで使いこなせる 40 構文

26 if so, ...

「もしそうなら…」

「もしそうなら…」という表現です。使いこなせると便利です。いくつかの例文を見てみましょう。

Are the following items still available? If so, was there a reason they were omitted from the catalogue?
WB-50
WB-60
下記の品はまだありますか。もしそうなら、カタログ（の掲載）から消された理由はありますか？
WB-50
WB-60

　まずは質問をして、それについて If so, ...「もしそうなら…」と尋ねています。the following「次の、下記の」、still「まだ、今も」、available「入手可能な、利用できる」、omit「省く、省略する」。

if so の代わりに if not を使うこともできます。上記の文章と同じパターンで、質問をしてから、If not, ...「もしそうでなければ…」と尋ねるスタイルです。

Could you please advise if our order no. 234 has already been produced? If not, is it possible to cancel 50 dozens of WM-10 from this order?
弊社の注文番号234はすでに生産されたか、教えていただけますか。もしまだなら、この注文から WM-10 を 50 ダースキャンセルすることはできますか。

---

advise「知らせる、通知する」。

以下では if so を使ったセンテンスだけを紹介しますが、if so と if not は、書きたい要件により使い分ければ大丈夫です。

長めの例文を2つ見てみましょう。両方とも、

・前置き（状況説明）があり、
・依頼（あるいは質問）があり、
・if so を使ったセンテンスがあります。

文章構成の例として参考にしましょう。読みながら何も暗記する必要はありません。こうした構成の取り方に慣れ親しむのが目的です。

第1章　読むだけで使いこなせる40構文

**Further to your email of 2nd October confirming shipment of the orders below to our warehouse, please confirm if the shipment schedule has been finalized.
If so, could you please email or fax the information as soon as possible.**

下記注文の弊社倉庫までの発送を確認いただいた10月2日のEメールに付け加えて、発送のスケジュールが確定したかどうかを確認してください。そうであれば[確定していれば]、できるだけ早く情報をEメールかファックスでお送りいただけますか。

further to ...「…に付け加えて」、confirm「確認する」、shipment「船積み、発送」、warehouse「倉庫」、finalize「最終的に決める」。

You recently supplied us with a sample of a hair-brush case designed to hold two hair-brushes. Is this case readily available? If so, what would be the price if we were to purchase 1,000 cases or 3,000 cases?

最近、ヘアブラシが2本入るようにデザインされたヘアブラシケースのサンプルをいただきました。このケースは、すぐに入手可能ですか。そうであれば、1000ケースまたは3000ケース購入する場合、価格はいくらになりますか。

recently「最近」、supply「供給する、提供する」、hold「入れる、抱える」、readily「すぐに」、available「入手可能な、利用できる」、purchase「購入する」。

91

◆文中でセンテンスを書きやすくする19構文

27 also

「…もまた」「さらに」

「…もまた」「さらに」という意味を表わします。普通はalsoを構文として捉えることはないと思いますが、実際にどんな使い方をするのか見てみましょう。使いこなせると、文章作成がラクになります。

まずは、第2章の通信文サンプルに登場するセンテンスです。

I will also be attending this dinner.
私もこの夕食会に参加するつもりです。

このセンテンスでは、「私も」という意味でalsoを用いています。attend「出席する」。

You can also find the joining instructions for the upcoming web-seminars in May and June.
5月と6月に公開するウェブセミナーへの参加要領もご覧いただけます。

このセンテンスでは、also が、参加要領を見つけることもできる、という意味を表わしています。instructions「要領、指示書」、upcoming「来るべき、近く公開する」。

Can you please tell me whether the CDs containing the year 2012 catalogue have been sent yet? Also, do you still have the following items available?
XI-109
XI-110
2012年のカタログが入った CD をもう送っていただいたか、教えてください。また、下記の品はまだ入手可能ですか。
XI-109
XI-110

このセンテンスでは、also が、「また=そして」という意味で使われています。

whether「…かどうか」、contain「含む、…が入っている」、yet「(疑問文で) まだ、もう」、still「まだ、今も」、the following「次の、下記の」、available「入手可能な、利用できる」。

次の例文では、前の例文と同じように、also が「また=そして」という意味で使われていますが、(先ほどは質問を2つ並べていたのに対し、) この例文では情報を2つ伝えています。

Please be informed that WB-11 is not available in green. Also, WB-12 will be discontinued by the end of next month.
WB-11 の緑色はありませんことをお伝えします。また、WB-12 は来月末までに生産中止になります。

Please be informed ... は、「…をお伝えします」という意味を表わします。discontinue「生産を中止する」。

　最後に「…も確認してください」という表現を見ておきましょう。

Please could you also confirm two more points:
1:
2:
後2つの点もご確認をお願いします。
1:
2:

　番号を振って箇条書きできるため便利です。

28 not only ..., but also ...

「AだけでなくBもまた」

not only A, but (also) B「AだけでなくBもまた」。誰でも聞いたことのある熟語だと思います。使いこなせるようになるには、例文を繰り返し読んで、使い方を感覚的に捉えることが大切です。

まずは、第2章の通信文サンプルにも登場する例文です。

Our English education books are widely used not only in educational institutions but also in firms like yours in Japan.
弊社の英語教育の本は、教育機関だけでなく、日本の御社のような企業でも広く使用されています。

widely「広く、大いに」、institution「研究機関、学会」、firm「会社、企業」。売り込みの文章で、not only A, but (also) Bが用いられている例です。自社の教材が「Aだけでなく、Bでも広く使われている」ことを述べるために、この構文が使われています。

◆文中でセンテンスを書きやすくする 19 構文

Our company purchases assembling machines from AZ Inc., not only for our main factory, but also for other manufacturing bases in other countries.
私たちの会社は、本社工場のためだけでなく、他国の製造拠点のためにも、AZ 社から組立機を購入しています。

purchase「購入する」、assembling machine「組立機」、main factory「本社工場」。

1つ前の例文では、not only in ..., but also in ... として、「教育機関だけでなく、企業でも」という表現がされていました。

この例文は not only for ..., but also for ... とされ、これにより「本社工場のためだけでなく、他国の製造拠点のためにも」という意味を成しています。

似たような例をもう1つ見てみましょう。次の例文では、not only A, but also B の A が by maintenance experts（保守の専門家）、B が by other operators（他の作業者）となっています。

All our tools must be maintained, not only by maintenance experts but also by other operators.
我々の工具はすべて、保守の専門家によってだけではなく、他の作業者によっても、手入れされなくてはなりません。

maintain「手入れを怠らない、保全する」。

ここからは、not only ... , but also ... の一部が変形・割愛されている例を見てみましょう。まずは、センテンスの意味合いは not only ... , but also ... なのですが、not only が書かれていない例文です。

96

第 1 章　読むだけで使いこなせる 40 構文

I've been traveling quite a lot in the first half of this year, mainly in Asia, but also a little in Europe.
今年の前半は、主にアジアへ、実に頻繁に出張していますが、ヨーロッパにも少し訪れています。

---

quite「かなり」、mainly「大部分は、主に」。

もう 1 つは、also を割愛しているパターンです。

This new model is not only compact, but easy to use as well.
この新しいモデルは、小型なだけでなく、使いやすいです。

このセンテンスは、also の代わりに as well「同様に、その上」を用いていると捉えることもできます。

29

be able to ...

「…することができる」

　…の部分には動詞が入り、be able to do「…することができる」という熟語になります。be able to do は can do と同じ意味を表わすこともあれば、can do とは異なるニュアンスを伝えることもあります。

　たとえば Can you do ...? は、「…できますか、…してくれますか」と尋ねるセンテンスですが、「…してくれ（る意思があり）ますか」と聞いている場合と、「それは技術・能力的に可能かどうか」「できる状況にあるかどうか」と聞いている場合があります。

　これに対して Are you able to do ...? は、主に「技術・能力的に可能かどうか」「できる状況にあるかどうか」だけを聞いている場合が多いものです。

　次の例文は、（意思よりもおそらく）「技術的に可能かどうか」を尋ねていることが読み取れるでしょうか。

第 1 章　読むだけで使いこなせる 40 構文

Are you able to supply labels printed in only English and Japanese? We do not want any other languages printed on the label.
英語と日本語だけでラベルを刷って、供給してもらうことはできますか。私どもは、ラベルに他の言語は（印刷して）ほしくありません。

supply「供給する、提供する」。

次の例文も、誰かの意思とは無関係に、それができない決まりになっていることがわかるはずです。

He says without this voucher he is unable to obtain any discount.
彼は、このクーポン券なしでは、どんな割引も受けられないと言っています。

voucher「割引券、クーポン券」、obtain「手に入れる、得る」。
このセンテンスでは、be unable to do「…することができない」が使われています。

be unable to do を使ったセンテンスをもう 1 つ見ておきましょう。

Our warehouse was unable to reduce their standard stock level at all.
弊社の倉庫は、在庫レベルの基準を全く下げることができませんでした。

warehouse「倉庫」、reduce「減少させる、減らす」、at all「全く、全然」。

◆文中でセンテンスを書きやすくする19構文

次の例文には、not able to do「…することができない」が使われています。

We are not able to offer you any discount on this product.
この製品には、どんなディスカウントも差し上げることができません。

offer「提供する」。

最後に、be able to do を will や may といった助動詞と合わせて使う例を見てみます。こうした使い方ができれば、かなり洗練されているといえます。

If you miss the web-seminar on April 2nd, you will be able to see a recording of it at the same URL from April 5th.
4月2日のウェブセミナーを見逃した場合、4月5日から同じURLで、その録画を観ることができます。

miss「(機会を) 逃す」。you will be able to see ... が「(未来に) …を見ることができる」という意味を表わしています。

Could you please arrange for some hang-sell bags to be sent to us as we may be able to pack the XI-20 into them to sell?
販売用に XI-20 を詰め込めるかもしれませんので、ハングセルバッグをお送りいただく手配をお願いできませんでしょうか。

hang-sell「ハングセル（商品を店頭で吊るす袋入りの）」。

may「…かもしれない」を用いることにより、may be able to do「…できるかもしれない」という表現になっています。as we may be able to do の as は、「…なので、…だから」という意味です。

◆文中でセンテンスを書きやすくする19構文

30 I (would) appreciate it if you could ...

「…していただけるとありがたいです」

直訳すると、「もし…していただけたら感謝いたします」となります。

I appreciate it if you please let me know.
お教えいただければありがたいです。

これは「お教えください」「お伝えください」と丁寧に書く際の決まり文句です。let me know は129頁を参照してください。

次の例文は、第2章の通信文サンプルに登場するものです。

I appreciate it if you could please print these out and hand them to the participants.
これらをプリントアウトして、参加者に配布していただけるとありがたいです。

hand「手渡す」、participant「参加者」。

このように、「プリントアウトしてください」、そして「それを配布してください」と用件をつなげたいことは多いですから、そうしたときにこの例文は参考にできます。

　would を用いて、I would appreciate it if you could ... とした例文を見てみましょう。「…していただけるとありがたいです」という意味は変わりませんが、would が表現を一層丁寧にしていると捉えてください。＊㉞ would be ... でも似た表現（would be ... if 〜）を紹介しています。必要に応じて参照してください。

I would appreciate it if you could send them to us by international courier. We will of course pay the courier service fee.
それらを国際宅配便でお送りいただけるとありがたいです。宅配サービスの料金は、もちろんお支払いします。

courier「宅配便」、fee「料金」。

I would appreciate it if you could please reserve my hotel room in your city. I would like to stay near your office.
そちらの市内で、ホテルの部屋を予約していただけるとありがたいです。御社のオフィスの近くに滞在したいと思います。

◆文中でセンテンスを書きやすくする19構文

　第2章の通信文サンプルには、

I would appreciate a prompt response.
早急にご返答いただけると幸いです。

という表現も出てきます。
prompt「すばやい、迅速な」、response「返答、応答」。
　これはif節を用いない書き方の例ですが、wouldを用いることで、仮定条件を言外に含み、丁寧な表現にもなっています。
　第2章の通信文サンプル（158頁参照）では、I would appreciate a prompt responseの後にandを用いて、look forward to hearing from you soonとつないでいます。

第 1 章　読むだけで使いこなせる 40 構文

表現力を高める6構文

　ここで紹介するのは、(㉟を除いて) 構文というよりも、書き方の「スタイル」と呼ぶほうが適切かもしれません。「文中でセンテンスを書きやすくする 19 構文 ⑫〜㉚」と同様に、使いこなすと伝えたいことが表現しやすくなり、上手な文章作成の助けになります。

> ㉛ I did ... and I ...
> ㉜ I did ..., but I ...
> ㉝ will be ...
> ㉞ would be ...
> ㉟ Would it be possible to ...?
> ㊱ ask 〜 to ...

　例文は、じっくりと読んで理解し、その後も何度か目を通すことで、慣れ親しむようにしましょう。

31 I did ... and I ...

「私は…しました。そして、私は…」

私たちは英文を書くときに、センテンスをやたらと and でつなぐ傾向があります。そして「何だか and が多すぎた」と感じていることもあるようです。

ここでは and を使って2つのセンテンスをつなぐ例文を見てみます。これらはどれも適切なセンテンスのつなぎ方（続け方）ですから、参考にしましょう。

例文は、どれも
I (We) did ... [または I have done ...] and I (We) ...
私（たち）は…しました。そして私（たち）は…
というスタイルで書かれています。

「こんな書き方をする」という感覚を養うのが目的です。早速、目を通してみましょう。

I have checked all of the details on your email and have one query.
Eメールに書かれた詳細をすべてチェックしましたが、1つ質問があります。

「Eメールを読んで、1つ疑問が生じた」という意味です。これらがandで結ばれています。details「詳細」、query「質問、疑問」。

I have received the draft for the new whiteboard marker leaflet and have the following comments.
新しいホワイトボードマーカーのチラシの下書き原稿を受け取りましたが、以下のコメントがあります。

「チラシの原稿を拝見して、コメントしたいことがあります」という意味です。1つ前の例文もそうですが、andでつながずに、センテンスを2つに分けても同じ意味を表わします。receive「受け取る」、draft「下書き原稿、草案」、leaflet「(広告の) チラシ」。

We ordered 15 cartons of your new products and I have received your proforma invoice number 234 as a confirmation.
御社の新製品を15カートン注文し、確認としてプロフォーマ・インボイス番号234を受け取りました。

このセンテンスは、andがあることで、「注文してから、その確認として…」という流れがよくわかります。carton「輸送用のボール紙箱」、proforma invoice「プロフォーマ・インボイス、注文請書」。

I [We] 以外の主語を使った例文を見てみます。

CDE Inc. has emailed me a new order sheet and they would like this order to replace their order number 567.
CDE社は新しい注文書をEメールしてくれました。そして、この注文を注文番号567と取り替えたいそうです。

replace「取り替える、置き換える」。

最後に、これまでの例文と異なる時制を用いたセンテンスです。

I am trying to follow the calculations in the sales quantity sheet and am having some difficulty.
販売数量表の計算を理解しようとしているのですが、いくらか苦労しています。

このセンテンスも and を用いることで、話の流れをわかりやすくしています。

◆表現力を高める6構文

32

I did ..., but I ...

「私は…しました。しかし、私は…」

前項の「and で2つのセンテンスをつないだ例文」に続いて、but でつなぐ例文を見てみましょう。
　ここでは例文は、
I (We) did ... [または I (We) have done ...], but I (などの主語)...
私（たち）は…しました。しかし、私（たち）は…
というスタイルで書かれています。
　例文を読んで、「こんな書き方をする」「こんなセンテンスのつなぎ方をする」という感覚を養うのが目的です。気軽に目を通してみましょう。

　はじめに、前項では and でつないでいた2つのセンテンスを but でつないでみます。

We ordered 15 cartons of your new products, but I haven't received a proforma invoice yet.
御社の新製品を15カートン注文しましたが、まだプロフォーマ・インボイスを受け取っていません。

carton「輸送用のボール紙箱」、receive「受け取る」、proforma invoice「プロフォーマ・インボイス、注文請書」、yet「まだ」。

続けて別の例文です。

I have faxed Mr. Smith copies of our invoice and air waybill, but he needs a copy of "certificate of origin".
スミスさんへ、弊社からの請求書と航空貨物受取証の写しをファックスしましたが、彼は「原産地証明書」の写しを必要としています。

2つのセンテンスの間には、but が必要であることがわかるでしょう。copy「写し、複写」。

We have received an order for 240 dozens of XI-100 from our customer, which we can supply, but it will leave no stock in our warehouse.
顧客から XI-100、240 ダースの注文を受け、それは供給できるのですが、それにより弊社の倉庫に在庫がなくなります。

このセンテンスを複雑に感じる場合には、which we can supply,「それは供給できる」を省いて読めば大丈夫でしょう。このセンテンスは「注文を受け出荷もできるが、在庫がなくなる」という意味を表わしています。
　supply「供給する、提供する」、leave「残す」、stock「在庫」、warehouse「倉庫」。

◆表現力を高める6構文

ここからは、ややくだけた表現を含むセンテンスを見てみます。親しい間柄の場合には、こうしたフレンドリーなセンテンスも使うことができます。

I've received an email from you in November, but I've been so swamped. I haven't had a chance to write you a note.
11月にEメールを受け取っていましたが、ひどく仕事に追われていました。お返事を書く機会がありませんでした。

swampは、仕事などがたいへんで「忙殺される」という意味です。noteは「短い手紙、メモ」のことです。

I may have already asked you this, but I am not sure. Sorry, this is the first day back and I am a bit confused.
すでに伺ったかもしれませんが、確かではありません[わからなくなってしまいました]。すみません、(仕事に)戻って初日で、少し混乱しています。

a bit「少し」、confused「混乱した、当惑した」。

最後に、ここまでの例文と異なる時制のセンテンスも見てみましょう。

Our section is able to provide the information you require, but can I just ask you to give us a week to prepare.
私たちのセクションは、必要とされている情報をお渡しできますが、準備に1週間いただくことはできますか。

「準備に時間をいただけますか」とお願いする際に、but can I just ask you ... という表現は、少々軽い依頼の仕方だと覚えておきましょう。あらたまった頼み方ではありません。

provide「供給する、提供する」、require「必要とする」、just「(表現をやわらげる意味での) ちょっと、少し」、prepare「準備する」。

◆表現力を高める6構文

33 will be ...

「…になるでしょう」

未来について述べる表現です。ここでは、「…になるでしょう」「…するでしょう」という「単純未来」と、主語の意志を表わす「意志未来」のセンテンスをいくつか見ておきます。

The delivery of our order 125 will be delayed for about a week.
当社の注文（番号）125の配送は、おおよそ1週間遅れるでしょう。

delivery「配送」、delay「遅らせる」。will be delayedは、「遅れる（であろう）」という表現です。

Our office will be closed from August 25th through September 3rd.
弊社オフィスは、8月25日から9月3日まで休みになります。

closeには「（休みのため）閉まる」と「閉店する、閉鎖する」という

意味があります。このセンテンスでは、休暇という意味で使われています。through「…まで」。

I will be in the lobby of the Tokyo Airport Hotel on 4th December at 8 am.
12月4日の午前8時に、東京エアポートホテルのロビーに参ります。

「…に行きます、…にいます」という表現を使いこなせると便利です。

もう1つ同じようなセンテンスを見ておきましょう。

Mr. Sawada and his manager will be at the Delhi Restaurant in the Shinagawa Hall this evening.
沢田さんとマネジャーは、今晩、品川ホールのデリー・レストランにいます。

続いて未来進行形を見てみます。ここでは3つの例文を見てみます。will be doing を使った例文に慣れ親しむのが目的です。何度か口に出して読み返してみましょう。

On July 31st, John will be leaving Japan to return to Australia to pursue other interests.
7月31日に、ジョンは諸般の事情で日本を離れ、オーストラリアへ帰国します。

to pursue other interests は直訳すると「他の関心事を追求するために」となります。これは退職の挨拶状などに用いる決まり文句で、「諸般の事情で」「自己都合により」というのが実際的な意味合いです。

◆表現力を高める6構文

We will be placing a firm order after our important customer FG Corporation gives us their forecast in the next week.
来週、重要な顧客であるFGコーポレーションが予測をくれた後に、確実な注文をします。

firm「確実な、しっかりとした」。their forecastは、「FGコーポレーションの売上げ予測［見込み］のことです。「FGコーポレーションの予測を聞いてから、注文を出します」と述べています。

Please fax or email an invoice to cover the express airmail service we asked for last week. We will be making remittance with other payments by the end of the month.
先週お願いした速達の航空郵便（料金）をまかなう請求書をファックスかEメールしてください。月末までに、他の支払いと共に送金します。

remittance「送金」。

John will be leaving Japan …
We will be placing a firm order …
We will be making remittance …

という3つのセンテンスを見てみました。どれも使いやすいと感じるのではないでしょうか。応用して用いましょう。

＊ここでは、年月日の書き方をまとめて見ておきましょう。

★年月日の書き方

日にちの書き方ですが、アメリカ式では月数の後に日にちを書くのが普通です。

　　例：December 4

イギリス式では、同じように月数、日にちの順番で並べることもありますが、

　　例：4 December

のように、日にちを先に書くことが多くあります。

なお、イギリス式では、4th December、December 22nd のように序数を頻繁に用います。

月数は数字で書くと、日にちと混乱することがあるため、必ずアルファベットで表記します。

　　× 4-12　　× 12-4

また、月数はレターやEメールの中では、省略せずにスペルアウトするものです。

　　○ 4 December　　× 4 Dec.

以下は、年号も合わせて記載する例です。

- **アメリカ式**　September 3, 2012
- **イギリス式**　3rd September, 2012　3 September, 2012
　　　　　　　September 3rd, 2012

＊イギリス式ではカンマを打たないこともあります。

34 would be ...

「…でしょう」「…であろう」

would は多くの意味を表わしますが、ここでは would be ... を用いた、いくつかの使い方を押さえておきましょう。

はじめに紹介する 2 つの例文は、いずれも（主語）would be ... if ~ という形で、「もし~であれば…です [...でしょう、…であろう]」という意味を表わします（これを「仮定条件に対する帰結」といいます）。

まずは、第 2 章の通信文サンプルにも出てくるセンテンスです。

I would also be grateful if you could please send a few copies of any other sample books free of charge.
また、無償で何か他のサンプル本を数部お送りいただけると、ありがたく存じます。

---

also「…もまた、さらに」、grateful「ありがたく思う、感謝する」、copy「（本などの）1 部、1 冊」、free of charge「無料で、無償で」。

もう1つ見てみましょう。

It would be helpful if you could contact him directly for further details. You can reach him at kato@xxxx.jp.
さらなる詳細に関しましては、彼に直接尋ねていただけますと助かります。kato@xxxx.jp で連絡が取れます。

further「それ以上の、さらに一層の」、details「詳細」。It would be helpful if ~ が「もし~であれば助かります」という意味を表わしています。

次の例文では、would が（will を使うよりも）丁寧さを表わしていると捉えてください。

It would be my pleasure to take you to lunch and I would enjoy talking with you about your business.
昼食をご一緒できるとうれしいですし、お仕事について話せるのも楽しみです。

to take you to lunch を「昼食をご一緒できると」と訳していますが、正確には「昼食にお連れできると」という意味です。pleasure「喜び、満足」。

上の例文と同様に、丁寧さを表わす would を用いた「決まり文句（文末などに用いるセンテンス）」をいくつか見ておきましょう。

Your assistance in this matter would be greatly appreciated.
この件にご支援いただけますと、たいへんありがたく存じます。

Your help would be very much appreciated.
ご助力いただけますと、本当にありがたく存じます。

　これらのセンテンスには、どちらにも ... would be appreciated という表現が使われています。直訳すると「…は感謝されます」となりますが、「感謝いたします」「ありがたく存じます」と訳すのが普通です。

　最後に、推測あるいは想像を含んだ would を使ったセンテンスを見てみます。

Their price would be very expensive.
彼らの価格は、とても高いでしょう。

I hope this information would be helpful.
この情報が役立つとよいのですが。

　would は、使いこなせると便利な助動詞です。ある程度の慣れが必要ですから、根気よく多くのセンテンスに目を通しましょう。ここで紹介した would be ... に絞って練習するのは、上達を早める方法の１つです。

35 Would it be possible to ... ?

「…することはできますか」

...の部分には動詞が入ります。「…することはできますか」と尋ねる構文です。これは「丁寧な依頼の仕方」であり、実際に「それが可能かどうか」を尋ねる表現でもあります。例文を読んで、どんなニュアンスで使うのかを捉えましょう。

Would it be possible for you to send the package to us by special delivery? Please let me know.
速達で小包を送っていただくことはできますか。お教えください。

for you は直訳すると「あなたにとって」という意味です。たとえば、この部分を for your shipping department とすると、「御社の輸送担当部門にとって」という意味になります。

let me know「教えてください、伝えてください」(詳しくは129頁を参照してください)。

＊今日、郵送や宅配のサービスは数多くあり、その名称も数多くありますが、基本的に「速達」は、アメリカでは special delivery、イギリスでは express delivery といいます。

◆表現力を高める6構文

Would it be possible to add 60 cartons of WM-10 to our order number 20?
弊社の注文番号20に、WM-10を60カートン追加していただくことはできますか。

add「加える」。注文をするのに、依頼の仕方が丁寧すぎると感じるかもしれません。これは、注文の締切日が過ぎていて、無理な追加をしようとしている場面を想定すると、しっくりくるセンテンスです。

I have a small request. Would it be possible for your factory to prepare some empty dozen boxes by the end of this week?
少々お願いがあります。御社の工場で、今週末までに、空のダース箱を準備していただくことはできますか。

for your factory が「御社の工場で」の部分です。prepare「準備する」、empty「空の」。

I need to know the weights and measurements for your product WM-20. Please would it be possible to forward this information.
御社製品WM-20の重量と寸法を知る必要があります。この情報をお送りいただけますでしょうか。

weight「重量」、measurement「寸法」、forward「転送する、送る」。

最後に、Would it be possible to ...? とは異なりますが、少し似たスタイルの例文を見てみましょう。第2章の通信文サンプルに登場する例文です。

Would "Web marketing in Japan" be a suitable title for your 20-minute speech?
「日本におけるウェブ・マーケティング」は、20分のスピーチに適切なタイトル（となります）でしょうか。

" " 内の言葉が Would it be possible ...? の it の代わりに、a suitable title が possible の代わりに使われています。suitable「適切な、適した」。

◆表現力を高める6構文

36

ask ~ to ...

「~に…するように頼む」

前項の ㉟ Would it be possible to ...? などと同様に、... には動詞が入ります。ask ~ to do は、「~に…するように頼む」という意味を表わします。

これが、シンプルでわかりやすい例文です。

I asked him to do so.
彼に、そうしてくれるように頼みました。

これを応用して、どんなセンテンスが書けるか見ていきましょう。
まずは第2章の通信文サンプルからの例文です。

My manager has asked me to invite you to join us for the dinner meeting on 22nd September at a local hotel.
弊社のマネジャーが、9月22日に現地のホテルで行なう夕食会へお越しいただけないかと申しております。

invite「招待する」。直訳すると、「弊社のマネジャーが私に、9月22日の現地のホテルでの夕食会に、あなたにご参加いただくように、ご招待するよう依頼しました」となります。

Our customer has asked us to reconsider our minimum purchase requirement for new hair-gel XI-100.
顧客から、新しいヘアジェルXI-100の（数量などの）最低購入条件を見直すよう依頼されました。

---

reconsider「再考する、考え直す」。直訳すると、「顧客は私たちに…を見直すよう依頼した」となります。

少し長い文章の中で、どのようにask 〜 to ... が使われているか見てみます。

We have a customer who needs replacement caps for the XI-100 hair-gel. They want to change the caps of their stocks because they have become dusty in their warehouse. Our manager has asked me to obtain a price and minimum order quantity.
ヘアジェルXI-100の取替え用キャップが必要な顧客がいます。彼らは、倉庫の中で埃っぽくなった在庫のキャップを交換したいそうです。弊社のマネジャーから、価格と最低の注文数量を入手するよういわれました。

---

replacement「取替え、取替え品」、warehouse「倉庫」、obtain「手に入れる、得る」。

化粧品メーカーの販売代理店に勤務していて、メーカーの担当者宛に、この文章を書いていると想定してください。顧客（ヘアジェルを販売する小売店）から、ヘアジェルの取替え用キャップを入手したいと連絡があり

ました。上司から、メーカーへ価格と最低の注文数量を尋ねるように依頼され、このEメールを書いた、という設定です。

asked me to ... が出てくるセンテンスは、直訳すると「弊社のマネジャーは私に、価格と最低注文数量を入手するよう依頼した」となります。

それほどたくさんの例文を見なくても、いくつかの例文に何度か繰り返し目を通すだけで、使い方がわかってくるはずです。最後に、2つのよく似た例文を紹介します。confirm、points、with you といった単語が、どちらの例文にも登場します。ひと通り理解できたら、和訳だけを見て、英文を書いてみることはできるでしょうか。ちょっとした練習になります。

Mr. Kato has asked me to confirm the following points with you regarding our purchase of new hair-gel XI-200.
加藤さんから、新しいヘアジェル XI-200 の購入について、下記の点を確認するよういわれました。

confirm「確認する」、the following「次の、下記の」、purchase「購入」。直訳では、「加藤さんは私に…をあなたと確認するよう依頼した」となります。

I have also asked Koji to confirm a few more technical points with you.
私は浩二にも、あといくつかの技術的な点を(あなたに)確認するよう依頼しました。

also「…もまた、さらに」。

第 1 章　読むだけで使いこなせる 40 構文

結びに使う 4 構文

ビジネスレターやＥメールの「結びの一文」に便利な構文を紹介します。

文章を締めくくるセンテンスは、どう書けばよいのか悩んでしまうことがあります。しかし、これも「書き出し」の文章と同様に、決まりきった構文を使って、あっさりと書いてしまうことができます。

㊲ let me know
㊳ I hope ...
㊴ please do not hesitate to ...
㊵ look forward to ...

たくさんの例文を紹介しています。しっかりと目を通しましょう。

37 let me know

「教えてください」

「教えてください」「伝えてください」という意味を表わします。
　上手に使いこなすには、こなれたセンテンスを見て、それを真似することが大切です。そのまま使えるセンテンスは、そのまま写しましょう。

Please let me know.
お教えください。

Let me know what you think.
どのようにお考えか、お教えください。

Please let us know what they think of it.
彼らがそれをどう考えるか、お教えください。

◆結びに使う4構文

Please feel free to let me know.
遠慮なくお伝えください。

Please feel free to ... は、直訳すると「…（すること）を自由に感じてください」となりますが、「遠慮なく…してください」と訳します。

Please feel free to let me know if you need further information.
さらに情報が必要でしたら、遠慮なくお伝えください。

further「それ以上の、さらに一層の」。

I have just faxed a product order sheet to you. Please let me know if you have any queries.
つい先ほど、製品注文書をファックスしました。もしご質問があれば、お知らせください。

just「つい先ほど、今しがた」、query「質問、疑問」。

Please let us know how soon you can dispatch.
どのくらい早く発送できるか、教えてください。

dispatch「発送する」。

let me know は、もちろん文章の終わりだけに使う構文ではありません。本書でも、（他の例文の）他の箇所に何度も登場しています。
　ここでは let me know を使って質問をして、Thank you. と書いて締めくくるパターンを参照しておきましょう。

第 1 章　読むだけで使いこなせる 40 構文

Could you please let me know how quickly Mr. Suzuki could receive these items? Thank you.
鈴木さんが、これらの品をどのくらい速く受け取れるか、お教えいただけますか。よろしくお願いします。

quickly「速く、すぐに」、receive「受け取る」。
Could you please … からはじめることで、丁寧なセンテンスになっています。Thank you. は「ありがとうございます」よりは、「よろしくお願いします」という意味合いになります。

通信文の最後の一文としてではありませんが、第 2 章の通信文サンプルに let me know を使ったセンテンスがありますから、合わせて見ておきます。これも前のセンテンスと同様に、Thank you. と書いて締めくくることができます。

Please let me know if you can offer a discount for purchases of over 100 books.
もし 100 部を超える購入に対して割引があればお教えください。

purchase「購入」。

◆結びに使う4構文

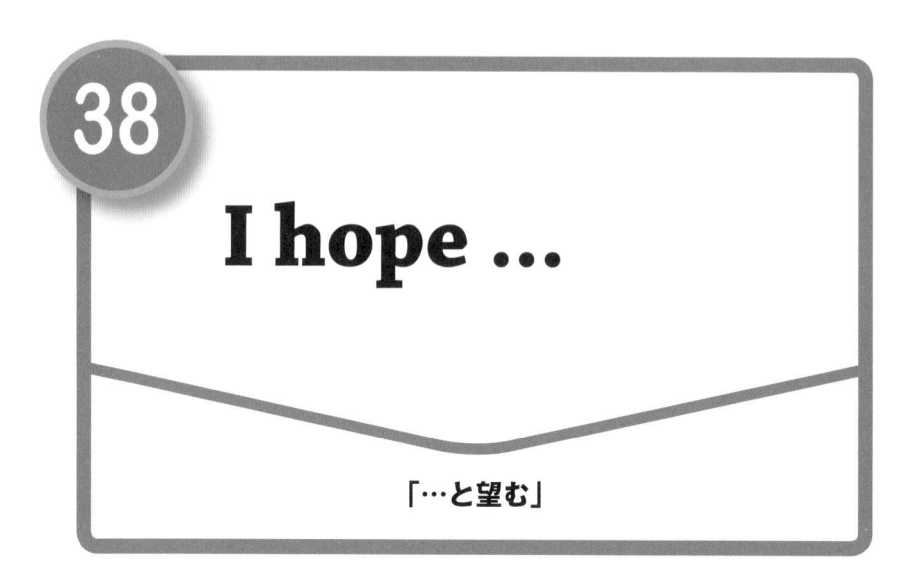

38 I hope ...

「…と望む」

覚えておくと案外便利な表現です。いくつかの例文を見ておきましょう。hope は「望む、期待する」という意味です。

　はじめのセンテンスは、第2章の通信文サンプルにも登場しているものです。

I hope they are useful and of interest.
それらがお役に立てば幸いです。

　直訳すると、「それらが役に立ち、かつ興味を引くものであれば幸いです」となります。of interest ＝ interesting と解釈してください。

I hope these are helpful.
これらが助けになるとよいのですが。

We hope that this suggestion is useful.
この提案が役立つことを願います。

I hope this helps resolve your inquiry.
これが疑問を解く助けになることを願います。

resolve「解決する」、inquiry「疑問、質問、問い合わせ」。

Thank you for your order and we hope to be of service in the future.
ご注文をありがとうございました。今後ともご愛顧のほど、よろしくお願いします。

直訳すると、「また近い将来に、サービスさせていただければ幸いです」となります。

I hope this does not cause too much trouble.
これがそれほどのトラブルを生じさせないことを願います。

cause「引き起こす、原因になる」。

I hope you had a nice time at our manager's party.
弊社のマネジャー（主催）のパーティーでは、お楽しみいただけましたか。

直訳すると、「よい時間を過ごされたことを望んでいます」となります。

◆結びに使う 4 構文

I hope to hear from you soon.
近くご連絡いただけましたら幸いです。

最後に㊵で紹介する look forward to ... と合わせたセンテンスを見てみます。

I hope all is well and look forward to hearing from you.
すべて順調でありますように。ご連絡いただけるのを楽しみにしています。

どれも決まり文句として、そのまま使うことができます。しっかりと読んでおいて、実際に書くときに、このページを開いてみましょう。

39 please do not hesitate to …

「遠慮せずに…してください」

「遠慮せずに…してください」という意味を表わします。hesitate は「ためらう、躊躇する」という意味です。

次のセンテンスが、基本的な使い方と捉えてください。

Please do not hesitate to contact us if you have any questions.
何かご質問があれば、どうぞ遠慮なくご連絡ください。

セールスレターでは、このセンテンスを決まり文句として頻繁に使います。

ここでは、いくつかの例文を紹介します。使い勝手のよいものを見つけてください。単語を置き換えてアレンジするのも簡単です。
＊以下の和訳では、読みやすさに配慮して、「どうぞ遠慮なく」を「いつでも」としてあります。

◆結びに使う4構文

If you have any questions or problems, please do not hesitate to contact me.
何かご質問か問題があれば、いつでもご連絡ください。

If you have any questions or you would like more information about CDE Inc., please do not hesitate to contact me.
ご質問か、CDE 社について、もっとお知りになりたいことがあれば、いつでもご連絡ください。

If you have any questions or concerns about your order, please do not hesitate to email us at xxxx@xxxx.com.
ご注文について、ご質問やご心配がおありでしたら、いつでもxxxx@xxxx.com へ E メールをお送りください。

concern「心配、懸念」。

If you have any queries, then please do not hesitate to get in touch.
何かご質問があれば、その際にはどうぞご連絡ください。

query「質問、疑問」、get in touch「連絡を取る」。

第1章 読むだけで使いこなせる40構文

If you ever get back to Osaka, please do not hesitate to call me.
大阪に戻ることがあれば、いつでも電話してください。

ever「(条件節で) いつか」。

第2章の通信文サンプルからの例文です。

If you require any further information, please do not hesitate to contact me.
さらに情報が必要であれば、いつでもご連絡くださいませ。

require「必要とする」、further「それ以上の、さらに一層の」。

Please do not hesitate to ask if anything else comes up.
何か他に(疑問などが)生じれば、いつでもお尋ねください。

come up「生じる、議題に上がる」。

Should you require further details, please do not hesitate to contact me at +81-3-0000-0000.
さらに詳細が必要であれば、いつでも +81-3-0000-0000 にご連絡ください。

Should you require ... は、If you should require ... の If が省略されて倒置した文です。further「それ以上の、さらに一層の」、detail「詳細」。

◆結びに使う4構文

40 look forward to …

「…を楽しみにしています」

「…を楽しみにしています」という決まり文句です。使いやすいものを選び、応用もしてみましょう。実際の意味合いとして、「…をお待ちしています」と訳すのが適切なセンテンスもあります。…の部分には、動名詞、名詞が来ます。動詞を入れないように注意しましょう。

この例文を基本と考えるとわかりやすいでしょう。

I look forward to hearing from you.
ご連絡いただけるのを楽しみにしています。

次の2つは、第2章の通信文サンプルからの例文です。

I look forward to meeting your colleagues.
同僚のみなさんにお会いできるのが楽しみです。

colleague「同僚、仕事仲間」。

I look forward to hearing from you soon.
近くご連絡いただけるのを楽しみにしております。

以下は、前の3つよりも若干長いセンテンスです。じっくりと見てみましょう。

We look forward to receiving confirmation of this request.
このリクエストについて、確認をお待ちしています。

直訳すると、「確認を受け取るのを楽しみにしています」となります。receive「受け取る」。

Thank you and we look forward to receiving you at the conference.
ありがとうございます。カンファレンスでお会いするのを楽しみにしています。

receive「歓迎する、面会する」。上の例文とは異なる意味でreceiveを用いています。

We are looking forward to meeting you next week.
来週、お目にかかれるのを楽しみにしています。

ここからは、非常にシンプルなセンテンスです。

I look forward to your response.
ご返答を楽しみにしています。

◆結びに使う4構文

response「返答、応答」。

I look forward to your advice.
ご助言をお待ちしています。

We look forward to your quick response.
すばやいお返事をお待ちしています。

We look forward to your continuous support.
今後とも、お引き立てのほど、よろしくお願いします。

直訳すると、「継続的な支援を楽しみにしています」となります。continuous「継続的な」。

We are looking forward to your reply.
お返事を楽しみにしています。

reply「返事、回答」。

最後に、⑧ This is to ... に登場したセンテンスを見てみましょう。

I am looking forward to seeing you all.
みなさんにお会いできるのを楽しみにしています。

第2章 英文ビジネスレター／Eメールの仕上がりイメージ

　文章を書くときには、その最終的な仕上がりイメージを捉えておくことが大切です。
　本章では、

(1) 通信文サンプル
....
(2) 通信文の体裁（フォーマット）
....

を見て、英文ビジネスレターとEメールの仕上がりイメージをつかみます。

1　通信文サンプル

　ここでは、いくつかの通信文サンプルを紹介します。

・**サンプル 1 ～ 5** は、「ビジネス E メール」の文章
・**サンプル 6 ～ 7** は、「ビジネスレター」の文章

と捉えてください。

＊文章の内容や、丁寧さの加減から、以上のように捉えることができます。あらたまった内容の事柄は、「ビジネスレター」に書くのが普通です。ファックスや E メールで送信した場合にも、あらためて郵送することがあります。しかし今日では、サンプル 6 ～ 7 の文章が、「E メール」のみで送受信されても特におかしくはありません。

　通信文サンプルを見る目的は、英文ビジネスレターと E メールの仕上がりイメージを捉えることです。第 1 章では構文を使ったセンテンスの書き方を学びましたが、私たちが実際に書きたいのは、こうした通信文です。どのように書いて仕上げるものなのか、しっかりと見てみましょう。

　サンプル 1 ～ 5 は、マイケルと加藤さんによる通信文です。途中、マイケルからの E メールが連続するところもありますが、1 ～ 5 は 1 つの話の流れになっています。
　サンプル 6 は、ある会社から、ある会社への「引き合い（問い合わせ）」のレターです。そして**サンプル 7** が、「引き合いへの返答」になっています。

通信文サンプルには、それぞれ、
・例文
・和訳
・パラグラフ構成（の解説）
があります。

　例文のアンダーラインは、第1章「読むだけで使いこなせる 40 構文」に登場した構文です。
　パラグラフ構成（の解説）では、それぞれの通信文サンプルが、どのように構成されているのかを解説しています。英文ビジネスレターやEメールを仕上げていくプロセスもイメージできますから、ぜひ参照してください。

＊パラグラフとは、段落で分けた「文のかたまり」のことで、たとえばサンプル1（144頁参照）には4つのパラグラフ、サンプル2（150頁参照）には2つのパラグラフがあります。

　なお、「頼れる知識1～3」として、英文ライティングを学ぶときに役立つ話も紹介していますから、一読してみてください。

サンプル 1

Dear Mr. Kato,

Our office has a human resources development session coming up which coincides with your assignment over here. My manager has asked me to invite you to join us for the dinner meeting on 22nd September at a local hotel. We will take care of your transfer to and from the venue.

Those attending are company employees who wish to become managers, so you will have lots of opportunities to network. I will also be attending this dinner.

If you are available to join us, could we ask you to give a short talk during the dinner for about 20 minutes. The topic can be along the line of web marketing for the international sales meeting.

Please advise your availability and acceptance.

Thanks,
Michael

human resources development 人材開発／ come up 起こる、生じる／ coincide 同時に起こる／ assignment 任務、仕事／ invite 招待する／ local 現地の／ take care of … …の世話をする／ transfer 移動／ venue 開催地、現場／ those attending 参加者、来場者／ employee 従業員／ opportunity 機会／ network 情報交換する、交流する／ also …もまた、さらに／ be available to join 参加することができる／ availability 都合／ acceptance 承諾（してもらえるかどうか）

加藤様

お仕事でこちらにお越しになられるときに、私どもの職場で人材開発の会合があります。弊社のマネジャーが、9月22日に現地のホテルで行なう夕食会へお越しいただけないかと申しております。ホテルへの送迎も手配いたします。

参加者は、管理職希望の会社員の方々ですので、たくさん情報交換をしていただく機会がございます。私もこの夕食会に参加するつもりです。

もしご参加いただけるのであれば、その夕食会の間に、20分ほどの短い講演をお願いできませんでしょうか。テーマは、国際セールスミーティングでお話になるウェブ・マーケティングに関連したことで結構です。

お引き受けいただけるかどうかお教えください。

ありがとうございます。
マイケル

パラグラフ構成

　どのように構成されているのかを知るために、各パラグラフに書き込まれた要点を見てみます。

パラグラフ１　人材開発の会合へ招待したい
パラグラフ２　参加者について
パラグラフ３　その際、講演をお願いしたい
　　　　　　　テーマはウェブ・マーケティング関連で
パラグラフ４　お引き受けいただけますか

　もちろん、これが唯一の構成の取り方ではありませんが、１つの模範例と捉えてください。
　まずは、パラグラフが４つ用いられていることに注目しましょう。英文ビジネスＥメールは、短い用件でパラグラフは１～２、長い用件でも４～５のパラグラフでまとめるのが普通です（英文ビジネスレターの場合は、まれにパラグラフ数がもっと増えることもあります）。
　伝えたい事柄はメモ書きをしておき、それらをパラグラフの中に当て込んで構成を取っていきます。どんな順序で書いても要件は伝わりそうですが、どんな構成が最も内容を理解してもらいやすそうか、考えながら組み立てます。読むときにも、「パラグラフごとに」何が書かれているかを読み取っていくようにしましょう。

　このＥメール文章では、パラグラフ１で、人材開発の会合（夕食会）があり、そこへ招待したいということが述べられています。パラグラフ２は、参加者についての簡単な説明です。そして、パラグラフ３で講演の依頼があります。
　このようにパラグラフで構成を取ってから、それぞれのパラグラフの中で構文を用いてセンテンスを書き、Ｅメールを仕上げていきます。

第2章　英文ビジネスレター／Eメールの仕上がりイメージ

頼れる知識1　英文と和訳について

　ここでは英文と和訳について考察したいと思います。本書の英文と和訳のすべてにいえることですが、サンプル1のセンテンスを例にお話します。

　和訳については、まずはいくつかの「和訳の仕方」があることを知っておきましょう。ここでは、逐語訳、直訳、意訳の3種類について説明します。

　「逐語訳」とは、英文を一語一語忠実に訳して、日本語にすることをいいます。たどたどしい訳文になることが多いのが特徴です。
　たとえば、サンプル1のWe will take care of your transfer to and from the venue. を逐語訳すると、「私たちは、開催地へそして開催地からのあなたの移動をお世話するつもりです」となります。

　「直訳」は、逐語訳に比べると、訳文に日本語らしい表現を取り入れようとしますが、やはり英文の字句や語法に従って和訳する方法です。受身形の英文を（必ずしもその必要はなくても）受身形の訳文にするところをイメージするとわかりやすいでしょう。
　先ほどのWe will take care of your transfer to and from the venue. を直訳すると、「私たちは、開催地への移動をお世話します」となります。

　これらに対して、**「意訳」**とは、英文の一語一語にはとらわれないで、センテンスやパラグラフの意味を汲み取って和訳することをいいます。英文にある単語の訳が、日本語文に登場しないことや、その逆になることもありますが、原文の意味はしっかり押さえた上で、こなれた読みやすい日本語になるのが特徴です。
　We will take care of your transfer to and from the venue. は「ホテルへの送迎も手配いたします」と訳すことになります。
　本書の第1章で、直訳と呼んでいるものは、逐語訳に近いものもあり

147

ます。逐語訳と直訳は、英文の構造（文法）を理解するのに便利で、こなれた意訳よりも学習者には好まれることもあります。

　今後は、訳文を見たときに、どの訳し方がされているかを考えてみてください。学習教材でもある程度の意訳がされていることは多くあります。その際には、それが英文の実際の意味を汲み取った訳文であることを理解しましょう。

　サンプル1では、My manager has asked me to invite you to join us for the dinner meeting on 22nd September at a local hotel. というセンテンスと、その和訳をよく見てみましょう。第1章㊱ask 〜 to ... のページでは、直訳文も紹介しています。

　最後のセンテンスPlease advise your availability and acceptance.「お引き受けいただけるかどうかお教えください」も意訳であることが、よくわかると思います。直訳は、第1章⑬ please advise ... のページで紹介しています。

第2章 英文ビジネスレター／Eメールの仕上がりイメージ

サンプル2

Dear Michael,

Thank you very much for the invitation. Yes, I will be more than happy to attend the dinner meeting and I am happy to do a 20-minute speech.

Thank you for the opportunity. I look forward to meeting your colleagues.

Best regards,
Ichiro Kato

invitation 招待／attend 出席する／opportunity 機会／colleague 同僚、仕事仲間

マイケルへ

ご招待をいただき誠にありがとうございます。夕食会にはもちろん喜んで出席し、ぜひ20分のスピーチも担当させていただきます。

こうした機会をいただき、ありがとうございます。同僚のみなさんにお会いできるのが楽しみです。

敬具
加藤一郎

■ パラグラフ構成

サンプル1で、夕食会への招待と講演の依頼を受けたことに対する返答です。

たった2つのパラグラフですから、構成と呼ぶほどではないように感じるかもしれませんが、ここでも、しっかりと見てみましょう。

パラグラフ1　招待をありがとう。出席し、スピーチも引き受けます
パラグラフ2　結びの挨拶

文章を書きはじめる前に、このように書くべき事柄をメモします。そうすることで構成を練る習慣を付けましょう。

このEメールでは、夕食会と講演について、取り急ぎ（詳細はさておき）Yes. という返答をしています。実際のところ、Yes, I will be more than happy to ... というセンテンスだけで用件はすんでしまいますが、その前後に、しっかりとお礼などを述べることで、全体が丁寧な仕上がりになっています。

サンプル3

Dear Mr. Kato,

Thank you for accepting promptly.

Would "Web marketing in Japan" be a suitable title for your 20-minute speech? Please advise.

Thanks,
Michael

accept 承諾する、受け入れる／ promptly 迅速に／ suitable 適切な、適した

加藤様

早速、お引き受けくださりありがとうございます。

「日本におけるウェブ・マーケティング」は、20 分のスピーチに適切なタイトル（となります）でしょうか。お教えくださいませ。

ありがとうございます。
マイケル

パラグラフ構成

非常に簡単なEメール文章ですが、どんな構成をしているのでしょうか。

パラグラフ1　引き受けてもらったことへのお礼
パラグラフ2　スピーチのタイトルは、これでよろしいですか

パラグラフ1は、サンプル2のEメールに対するお礼です。ここでは、まずお礼を述べて、それから質問していることを押さえておきましょう。もう少し用件が加わる（たとえば質問が増える）場合などには、パラグラフを追加していきます。

サンプル 4

```
Dear Mr. Kato,

Is it possible for you to give me a brief abstract on your talk?
Also can you send me the slides for the talk by this coming Friday?

Thanks,
Michael
```

brief 簡潔な／ abstract 要約、抜粋／ talk 講演、講話／ also …もまた、さらに／ this coming Friday 今週の金曜日

```
加藤様

ご講演の簡単な要約をいただくことはできますか。
また、今週の金曜日までに、ご講演のスライドをお送りいただけますか。

ありがとうございます。
マイケル
```

■ パラグラフ構成

これも簡潔なEメールで、依頼したいことを２つ並べてあるだけです。

パラグラフ１　依頼１
　　　　　　　依頼２

まさに用件（＝依頼したいこと）だけを述べています。これはすでにEメール通信が繰り返されて、挨拶などを割愛しても構わない間柄であればできることですが、できればもう少し全体を丁寧にしたいところです。そのためには、本書の第１章 ㊲〜㊵ のような構文を用いて、一文付け加えるのが１つの方法です。

サンプル5

Dear Michael,

Thank you for your message. **Please find** the slides attached. **I would like to** use these for my speech.

I appreciate it if you could please print these out and hand them to the participants. **Thank you again for** your help.

**Regards,
Ichiro Kato**

attached 添付の／ hand 手渡す／ participant 参加者

マイケルへ

メッセージをありがとうございます。添付のスライドをご覧ください。これらをスピーチで使いたいと思います。

これらをプリントアウトして、参加者に配布していただけるとありがたいです。手助けしてくださることに、再度感謝します。

敬具
加藤一郎

パラグラフ構成

　サンプル4よりも随分と丁寧な書き方になっています。

パラグラフ1　Eメールへのお礼。添付のスライドについて
パラグラフ2　スライドのプリントアウトと配布をお願いします。お礼

　パラグラフ1では、受け取ったEメールへのお礼を述べ、講演で使うスライドについて案内しています。パラグラフ2では、そのスライドをプリントアウトして配布してほしいことを伝え、再度お礼を述べています。
　実は、このEメール文章の構成の取り方は、シンプルに依頼をしているという点において、サンプル4と変わりないのですが、Thank you for ... や Thank you again for ... というセンテンスを加えることで、丁寧かつ、ビジネス文章としてふさわしい仕上がりになっています。

■ 「引き合い（問い合わせ）」　サンプル6

Dear _____

We visited your booth at the Osaka International book fair last month and <u>were interested in</u> your book "How to speak business English".

We are <u>one of</u> the largest home appliance manufacturers in Japan and are looking for some English education materials for our employees. We purchase approximately 500 books every year to use in our human resource development programs.

Please <u>let me know</u> if you can offer a discount for purchases of over 100 books. We normally get a discount of 20% from Japanese publishers for bulk purchases. I <u>would also be</u> grateful if you could please send a few copies of any other sample books free of charge.

<u>I would appreciate</u> a prompt response and <u>look forward to</u> hearing from you soon.

Yours sincerely,

_____

第2章 英文ビジネスレター／Eメールの仕上がりイメージ

拝啓

先月の大阪国際ブックフェアで、御社のブースを訪れ、『ビジネス英語の話し方』という本に興味を持ちました。

弊社は、日本最大の家電メーカーの1つで、従業員用の英語教育の教材を探しています。人材開発プログラムで使用するために、毎年約500部の本を購入しています。

もし100部を超える購入に対して割引があればお教えください。弊社は大口購入に対して、通常日本の出版社から20％の割引をしてもらっています。また、無償で何か他のサンプル本を数部お送りいただけると、ありがたく存じます。

早急にご返答をいただけると幸いです。（近くご連絡いただけるのを）楽しみにしております。

敬具

---

home appliance 家電／ manufacturer メーカー、製造業者／
education material 教材／ employee 従業員／ purchase 購入する、購入／
approximately おおよそ／ human resource development 人材開発／
publisher 出版社／ bulk 大量の、大口の／ also …もまた、さらに／
grateful ありがたく思う、感謝する／ copy （本などの）1部／
free of charge 無料で、無償で／ prompt すばやい、迅速な／
response 返答、応答

■■ パラグラフ構成

　展示会でブースを訪問した出版社へ送るビジネスレターです。このレターを書く目的は、『ビジネス英語の話し方』の購入に、割引が得られるかどうかを確認すること（できるだけ割引をしてもらえるようにすること）、他の書籍のサンプルも無償で送付してもらうことです。さらには、購入しない場合でも、友好的な関係をつくり上げたいところです。
　パラグラフ構成は、以下の通りです。

パラグラフ１　国際ブックフェアで本を拝見しました
パラグラフ２　自社について。本を大口購入しています
パラグラフ３　割引はありますか。無償サンプルをください
パラグラフ４　結びの挨拶

　パラグラフ１では、どのようにして先方の会社を知ったのか、興味を持っている本について説明をしています。
　パラグラフ２は、自社の紹介で、毎年約500部の本を購入していることに言及しています。
　パラグラフ３では、このレターの肝心な用件を述べています。割引について尋ね、他社から受けている割引についても述べ、他の無償サンプルの送付も依頼しています。
　パラグラフ４は、決まり文句で挨拶をして結んでいます。

　これは、英文ビジネスレターにおける「引き合いの文章」のまとめ方の一例です。パラグラフ１、２を説明にあてがい、パラグラフ３で、質問や依頼を（失礼にならない程度に）はっきりと書いています。礼儀正しく上手にまとめられていますので、こうしたスタイルを参考にすることで、洗練されたビジネス文章になります。

■■ 頼れる知識2　ビジネス文章にオリジナリティはいらない

　すべてのビジネスレター、Eメールに共通していえることです――オリジナリティのある書き方は必要ありません。
　例外的に、ダイレクトメールなどに使うセールスレターでは、人目を引く文章の書き方や、コピーライティングも含めた、他とは違うオリジナリティが求められることがあります。しかし通常のビジネス文章に、それらは必要ありません。

　むしろ求められるのは、よくあるビジネス文章の書き方です。

　ビジネス文章は、ぱっと見て、何の用件かわかることが大切です。用件というのは、それが引き合いなのか、苦情なのか、承諾なのか、断りなのか、といったことです。このサンプル6の文章も、ビジネスレターを見慣れた人が見れば、一目で引き合いだとわかります。

　一目でわかってもらうためには、ビジネス文章の様式を押さえて書くことが必要です。ビジネス文章の様式を押さえるとは、パラグラフを用いること、各パラグラフにわかりやすく用件（ポイント）を入れ込むこと、そしてセンテンスには、ビジネス文章らしい構文を使うことです。
　そうした文章を書くためには、自分で考えて英作文をしてはいけません。ビジネス文章らしく書くには、上手に書かれたお手本を参考にします。それらを見て写すか、必要に応じたアレンジをして、「よくあるビジネス文章」に仕上げることが大切です。

　この点をしっかり理解しておくと、何を学んだらよいのかわかり、上達も早くなります。まるで日記でも書くように、ビジネス文章で独自の英作文をすると、せっかく取り組んでも、なかなか上手くはなれないものです。

■「引き合いへの返答」 サンプル7

Dear _____

<u>Thank you very much for</u> your interest in our book "How to speak business English". I have sent a few free samples <u>together with</u> some samples of other English conversation books that I can recommend for your human resource development programs. They should arrive at your office in the next week.

Our English education books are widely used <u>not only in educational institutions but also in firms like yours</u> in Japan. In the package I have sent you, I have enclosed the <u>details of</u> our company history and detailed information of our forthcoming books, which is not yet <u>available</u> on our website. <u>I hope</u> they are useful and of interest.

If you require any further information, <u>please do not hesitate to</u> contact me.

Yours sincerely,

_____

第2章　英文ビジネスレター／Eメールの仕上がりイメージ

拝啓

弊社の書籍『ビジネス英語の話し方』に関心をお持ちいただき、誠にありがとうございます。御社の人材開発プログラムにお勧めできる、他の英会話本のサンプルと一緒に、無償サンプルも数部お送りしました。来週、御社のオフィスへ到着するはずです。

弊社の英語教育の本は、教育機関だけでなく、日本の御社のような企業でも広く使用されております。お送りした小包の中に、弊社の社史の詳細と、まだ弊社ホームページでも紹介していない、これから出版する本の詳細な情報を同封しました。それらがお役に立てば幸いです。

さらに情報が必要であれば、いつでもご連絡くださいませ。

敬具

_____

free 無料の／ together with ... …と一緒に、…と合わせて／
recommend 推薦する／ human resource development 人材開発／
arrive 到着する／ widely 広く、大いに／
not only A, but (also) B　A だけでなく B もまた／
institution 研究機関、学会／ firm 会社、企業／ enclose 同封する／
details of ... …の詳細／ company history 社史／ detailed 詳細な／
available そこにあって利用（入手）可能である／ useful 役に立つ／
require 必要とする／ further それ以上の、さらに一層の

パラグラフ構成

　サンプル6に対する出版社からの返信文です。これは、英文ビジネスレターにおける「引き合いへの返答」のまとめ方の一例です。
　パラグラフ構成は、以下の通りです。

　　パラグラフ1　　引き合いに対するお礼
　　　　　　　　　　無償サンプルを送付しました
　　　　　　　　　　　・『ビジネス英語の話し方』
　　　　　　　　　　　・他の英会話の本
　　　　　　　　　　　・来週、到着予定
　　パラグラフ2　　弊社について
　　　　　　　　　　　・日本企業でも使われている
　　　　　　　　　　　・同封した資料について
　　パラグラフ3　　結びの一文

　結びの一文だけを書いたパラグラフ3を除くと、パラグラフの数は2つだけです。その中に、それぞれいくつか伝えるべき事柄があり、上記のような構成になっています。
　実際にレターを書くときには、このようなメモ書きをして、構成を取るようにしましょう。

　このレターは、サンプル6で質問のあった割引については触れず、依頼のあった無償サンプルを送付した上で、「まずは弊社の他の書籍もご覧ください。それから具体的なお話をしましょう」といったスタンスを取っています。

頼れる知識3 「ネイティブチェック」を信じていいか？

　ネイティブスピーカーやネイティブチェックという言葉があります。ネイティブスピーカーは、英語を母語として育った人たちのことで、ネイティブチェックとは、彼らに英文を校正してもらうことです。
　ここで1つ覚えておきたいことがあります。それは**英文、特にビジネス文章は、ネイティブスピーカーがチェックしたからといって、正しく校正されるとは限らない**ことです。この表現で意味が通じるか、というレベルのチェックなら大丈夫でしょう。しかし、それ以上のことは、かなり疑ってからかからなくてはなりません。

　私たちにとっての日本語で考えるとわかりやすいのですが、たとえばインターネット上には、文法の間違った日本語、間違ってはいなくても上手とはいえない日本語が氾濫しています。それらのほとんどが、日本語のネイティブスピーカーによって書かれているにもかかわらずです。つまり日本語のネイティブスピーカーであっても、日本語を正しく上手に書いて、校正できるとは限らないのです。
　英語も全く同じで、上手に書ける人、きちんと校正のできる人は、探さないと見つけることができません。ネイティブだからといって、見てもらって安心と単純に考えることはできないわけです。

　それなのに企業などでは、会社案内から製品説明やキャッチコピーまで、英文が適切かどうかの基準が「ネイティブに見せて、OKが出たかどうか」となっていることが多々あります。そのため英文そのものに間違いがあることもあれば、「この会社の製品に、こんな学生のノリの英語表現はおかしいのでは？」などと感じることもあります。
　ネイティブスピーカーが親切にチェックしてくれるのはありがたいのですが、任せれば大丈夫、とはいかないことは、ぜひ覚えておきたいところです。

2　通信文の体裁（フォーマット）

　ここでは通信文（英文ビジネスレター／Ｅメール）の体裁を見てみます。次のページは、そのイメージです。
　構成要素である (a) ～ (e) には、レターとして書く場合にも、Ｅメールとして書く場合にも、共通した注意点があります。難しいルールはありませんが、これらの注意点を踏まえることで、通信文は一層洗練されたものになっていきます。
　ぜひ一読しておきましょう。

Subject: PowerPoint slides for my speech   (a)

Dear   (b)

Thank you for your message. Please find the slides   (c)
attached. I would like to use these for my speech.

I appreciate it if you could please print these out and hand them to the participants. Thank you again for your help.

Regards,   (d)

Tatsuo KATO (Mr.)   (e)
Manager
Sales Department
JP International Product, Inc.
1-2-3 Kurokabe, Higashi-ku,
Nagoya (461-9999) JAPAN
Tel: +81-52-000-0000   Fax: +81-52-000-0000
Email: tkato@xxxx.jp
www.xxxx.jp

(a) 主題／件名（Subject）

通信文に付けるタイトルのことです。日本語では、英文レターの場合は主題、Eメールの場合は件名と呼びますが、英語ではいずれの場合もSubjectといいます。

Subjectは、本文が何に関することなのか、一目でわかるように書き表わします。1行で短く書きます。簡単な言葉を選ぶのがコツで、例文のPowerPoint slides for my speechは、その一例です。

短く書くのは難しいこともありますから、以下のように単語を並べるだけの方法も取り入れましょう。

　Shipping: Your order no. 123（船積み：ご注文番号123）
　Information: New product M-100（情報：新製品M-100）
　Reminder: Sales meeting, June15（リマインダ：セールスミーティング6月15日）

Eメールでは、Subjectをそのままにして送受信が繰り返されることがありますが、あまり洗練された通信の仕方ではありません。読み手にとってわかりやすく、お互いに時間が経ってからでも見つけやすいよう、必要に応じてSubjectは書き換えるようにします。

(b) 敬辞（Salutation）

受取人の名前を明記します。Dearを用いて、敬称とラストネームを明記するか、親しい間柄であれば、Dearの後にファーストネームを書きます（この場合、敬称はなしです）。Dearの後に、敬称を用いてフルネームを明記することは少ないことも覚えておきましょう。

　Dear Mr. Harris,
　Dear Steve,
　Dear Mr. Steve, (×)
　Dear Mr. Steve Harris, (△)

フルネームを明記する場合は、Dearの後の敬称を省くか、敬称は用いてDearを省くのが一般的です。この他に、Dearも敬称も用いず、名前

だけを書くパターンもあります。
Dear Steve Harris,
Mr. Steve Harris,
Steve Harris,
Steve,

　Dear Mr. Harris, のように、コンマを用いるのはイギリス式で、アメリカ式では Dear Mr. Harris: として、コロンを用います。（コンマもコロンも使わないパターンもあります。）
　敬称は、できるだけ性差のないものを用います。女性に対しては、未婚、既婚の区別のない Ms. を使うのが一般的です。

(c) 本文（Body）
　本文を書く部分です。

(d) 結辞（Complimentary Close）
　結辞は、敬辞に人名を記した（たとえば Dear Mr. Harris, とした）場合、その相手とすでに知り合いであれば、Regards, Best regards, Kind regards などを用います。まだお互いをよく知らない間柄であれば、Yours sincerely（イギリス式）か Sincerely yours（アメリカ式）を用いるのが普通です。

　敬辞に人名を記さず、Dear Customers（顧客の皆様へ）、Dear Business Owners（ビジネスオーナーの皆様へ）などとすることがあります。その際には、結辞に Yours faithfully（イギリス式）や Faithfully yours（アメリカ式）を用いるのが一般的です。

(e) 署名欄（Signature Block）
　通信文の最後には、自分の氏名と連絡先を明記します。レターやファックスを送信する場合には、レターヘッド（Letterhead　会社名、住所等

が印刷された用紙）を用いることがあり、会社名等は用紙に印刷されていることもありますが、氏名、役職名、部署名はタイプして、その上にサインをします。

Tatsuo KATO (Mr.)	〔氏名〕
Manager	〔役職名〕
Sales Department	〔部署名〕
JP International Product, Inc.	〔会社名〕
1-2-3 Kurokabe, Higashi-ku,	〔住所〕
Nagoya (461-9999) JAPAN	
Tel: +81-52-000-0000　Fax: +81-52-000-0000	
	〔電話・ファックス番号〕
Email: tkato@xxxx.jp	〔E メールアドレス〕
www.xxxx.jp	〔ホームページアドレス〕

　氏名は、ラストネームを大文字にすることで、それがラストネームであることを伝えます。英語では、ファーストネーム、ラストネームの順で明記するという一応の決まりがありますが、それが世界中で遵守されているわけでもないため、ラストネームを大文字で明記するのが、もう1つのコンセンサスとなっています。
　また、氏名から性別が伝わりにくいこともあるため、氏名の後に（Mr.）（Ms.）として性別を伝えることもあります。

＊本章の内容をさらに詳しく学びたい方は、以下でご覧いただけます。
『英文ビジネスレター＆E メールの正しい書き方』松崎久純（2004）
　研究社
『英文ビジネスE メールの正しい書き方（実践応用編）』松崎久純（2010）
　研究社

付録 プラクティカルなスキルを身に付ける勉強法

　私たちは限られた時間を使って勉強します。そのときに勉強の仕方を間違えたらたいへん──スキルが身に付かなくなります。
　義務教育で何年も英語を学ぶのに、ほとんどの人が英語をモノにできないのは、そのためです。
　これからは同じ失敗を繰り返したくはありません。ここでは、プラクティカルなスキルを身に付ける勉強法について考察してみましょう。
　あまり細かなことよりも、骨子となる考え方を見ていきます。

「プラクティカルなスキルを身に付ける勉強法」のポイントは以下の通りです。まず(1)について、しっかりと考えることが大切です。

> **(1) 何を身に付けたいのか**
> ・何ができるようになりたいか
> ・やってはいけないこと（やってもスキルが身に付かないこと）
>
> **(2) どうやって勉強するのか**
> ・中学英語を使えるようにする
> ・ビジネス通信文を書く練習

（1）何を身に付けたいのか

　勉強に取り組む前でも、勉強しながらでも構いません。「何を身に付けたいのか」について、じっくりと考えてみましょう。
　英語を使って、具体的に「何ができるようになりたいか」ということです。
　話せるようになりたいのか、書けるようになりたいのか。ビジネスで使うのか、プライベートで使うのか。通訳もしたいのか、など。それを考えれば考えるほど、勉強すべき事柄も具体的に見えてきます。これは大事なことですが、なおざりにされがちです。そのために英語学習が「スキル習得」に結び付かないこともありますから、注意が必要です。

■ 何ができるようになりたいか

　本書の読者が身に付けたいのは、「ビジネス通信文をスムーズに書くスキル」だと思います。少なくとも、それは身に付けたいことの1つでしょう。
　「何を身に付けたいのか」がわかったら、その完成イメージを見ておくことが大切です。本書の第2章で、ビジネス通信文の完成イメージを紹介しているのは、「身に付けたスキルで書けるもの」を見ておくことで、第1章の内容がより理解しやすくなるからです。上達のプロセスもイメー

ジしやすくなるでしょう。

　もちろん完成イメージを見るだけでは、わからないこともあります。ビジネス通信は、やってみてはじめてわかることも多いものです。仕事で英文レターなどを書く知り合いがいれば、それはどんな感じなのか、ぜひ尋ねてみましょう。そうすることで、「そのスキルを習得するには、どんなことが必要になりそうか」といったことも、具体的にイメージできることがあるからです。

　私が尋ねられたら、海外との通信には、独特の「ややこしさ」があることを話すでしょう。そして、実際に通信する機会を持つことを勧めます。

　コレポン（コレスポンデンス　Correspondence：海外とのビジネス通信）は、思った以上に長引きやすく、意思疎通にたくさんのエネルギーが必要になることもあります。一度上手に文章を書けばOK、とはならないことも多いわけです。それを経験するためにも、自分の文章が的確かどうかを知るためにも、**本書で勉強しながら、実際に海外と積極的に通信しよう**というアドバイスです。

　独特の「ややこしさ」とは、たとえばこんなことです——これは、私がアメリカの通販サイトに出品されている中古CDを購入したときの話です。

　私は日本国内では入手困難なCDを注文しました。通販サイトでの注文ですから、普通は自分で英語を書いて通信する必要はありませんが、このときは注文したCDが届かないので、出品者にEメールで連絡をしたのです。

　「注文したCDが届きませんが、どのように発送されましたか。USPS（United States Postal Service　アメリカの郵便局）のエアメールですか。教えてください」という内容です。

　アメリカの郵便局のエアメールなら、通常は1週間もあれば到着しますが、このときは、発注から2週間ほど経過していたのです。出品者によっては、郵便局のエアメールを利用せず、より安価な業者のサービスを使い、

到着まで何週間もかかることがありますから、それを知りたかったのです。

そうすると、すぐに出品者から連絡がありました。「11月29日にUSPSのFirst Class Postで発送しました。近日中に到着しなければ、同じCDをお送りしますから、またご連絡ください」と書いてありました。

私は数日待って、あらためて連絡をしました。「CDが届きません。普通は到着にこれほど時間はかかりません。また送ってもらうか、全額返金をしてください。それとも、もう少し待ってほしいですか」とメールすると、またすぐに返事が来ました。「本日、あらためてCDをお送りします。2つ届いたら、2つ目はrefuse（拒否）してください」と書かれています。

この出品者は、すぐにレスポンスをくれるので、そうした意味ではありがたいのですが、ややこしい説明が必要な展開になってきました。この「refuseしてください」についてです。

「受け取りを拒否してください」という意味ですが、これは郵便サービスに対するアメリカ的な慣行をもとに述べられているのです。それが日本の事情と異なるため、出品者の「親切のつもり」が、私にとっては「別途話し合いが必要で、面倒なこと」になってしまいました。

refuseは「受け取らない」ということですから、日本でもできそうに思えるでしょう。出品者は、そうすることでCDは（私が送料を負担しなくても）無料で戻ると考えているのです。確かに、私が受け取りを拒否すればそうなりそうです。しかし、実際に受け取り拒否をするには、自宅まで配達されたCDを郵便局へ持って行き、説明しなければなりません。これは私のしたいことではありませんし、実際のところ、本当の事情を説明したら、「受け取り拒否 → 送料を支払わずに出品者へ戻す」ということが、できるかどうかわかりません。いずれにしてもrefuseすることについて、日本ではこうした手間と説明が必要になります。

それではなぜ出品者が、それを私に依頼したかというと、アメリカではrefuseすることが（日本と比較すると）珍しいことではないからです。さらにアメリカの場合には、郵便局員が一般家庭へ配達するときに、合わ

付録　プラクティカルなスキルを身に付ける勉強法

せてポストからの集荷も行ないます。そのため refuse したければ、そのようにメモをつけて、受け取ったものを自宅のポストに入れておけばすむのです。つまり refuse することは、アメリカではとても簡単なのです。

　日本の場合は、郵便局員は一般家庭のポストから集荷を行なわないため、郵便局へ出向かなくてはなりませんが、出品者は「refuse してください」が、そんなに手間のかかることだとは思っていないわけです。

　私は、こうした事情を出品者に説明し、「2つ届いた場合でも、1つを返送する料金は負担したくないこと」を説明しました。出品者からは折り返し連絡があり、承知したとのことでしたが、この話がこじれなかったのは、たまたま私にアメリカで生活した経験があり、こうした事情の違いを知っていたからです。そうでなければ、双方が不信をつのらせ、ややこしい話になった可能性もあります。

　わずか1枚のCDを取引するだけの話ですが、この時点でお互いに3、4回はEメールを送っています。こんなふうに話は長引くことがあるわけです。

　実は、私はこのやり取りをしながら、出品者は11月末にCDを送ったと勘違いをしていて、本当は送っていなかったのでは、と疑っていました。年末の12月24日になって、(アメリカの郵便局による)12月14日の消印が付いたCDが届いたときには、その思いに確信を持ちました。

　「これは2回目に送付されたもの。やはり1回目の送付はなかったのでは」。

　ところが翌日の12月25日、私は出品者へ再度Eメールを送ることになります。なんと12月25日になって、11月29日の消印が付いたCDが届いたのです。

　この経緯をEメールで説明すると、「ご連絡をありがとうございます。お話したとおり、1枚目は返送の必要はありませんから、お友だちにプレゼントしてください。Happy Holidays」と返信がありました。この後は、購入者による出品者の評価に、最高のコメントを書いてあげたり、それに

対して別途お礼のEメールが送られてきたりしたものです。
　この取引は、友好的で楽しいものでしたが、話は事前に想定していたよりも長引いてしまったわけです。

　海外との通信では、この例に登場したような「ちょっとした常識の違い」から、お互いが理解しにくくなることもあれば、そのために話が混線することもあります。個人取引でなく、会社の仕事となれば、自分1人で判断できないことも多いですから、その分時間や手間のかかることもあるものです。
　私たちは、こんな「ややこしさ」もある中で、通信文を書いていきます。さまざまな状況に対応できるライティングのスキルを身に付けたいものです。あまりゆっくり文章を書いていると、職場から帰れなくなってしまうかもしれませんから、すばやく書けるようにもなりたいですね。経験者は、このようなアドバイスをしてくれるでしょう。

■ やってはいけないこと（やってもスキルが身に付かないこと）

　英語を使って「何ができるようになりたいか」。これについて考え、勉強すべきことを知る必要性を述べてきました。
　ここまでの考察で、私たちには「やってはいけないこと」があるのが、わかるのではないでしょうか。それは、スキルを身に付ける助けにならない勉強のことです。
　たとえば試験勉強の多くは、それに入ります。私たちには限られた時間しかありませんから、各種の試験対策で4択問題の正解を選ぶ訓練に時間を費やしていると、プラクティカルなスキルを身に付ける勉強の時間が取りにくくなります。
　試験でスコアを取得して、対外的に英語力を証明する必要がある場合などは、その勉強を避けることができず、困ることもあると思います。
　企業では、試験のスコアで従業員の英語力を測り、受験を義務付けているところも多いのですが、それは管理しやすいだけで、組織のプラクティカルな英語力向上にはつながりませんから、見直さなくてはなりません。

一部では、プラクティカルな英文 E メールの学習などを実施している企業もあります。私もよくお手伝いしていますが、こうした勉強に切り替えると、実りのある成果が得られるものです。

(2) どうやって勉強するのか

　何を身に付けたいのか。英語を使って何ができるようになりたいか。もう一度、これらについて考え、それを実現するための勉強をしていきましょう。

　さあ、ここからは「どうやって勉強するのか」を考えていきます。やることは、大きく分けて2つあります。

　1つは、「中学英語を使えるようにする」こと。

　もう1つは、（身に付けたいのが「ビジネス通信文をスムーズに書くスキル」であれば、）ずばり「ビジネス通信文を書く練習」をすることです。他のことではなく、スキル習得の実現に直接役立つ学習をする、という意味です。

■ 中学英語を使えるようにする

　「中学校の英語で十分にコミュニケートできる」という話は、誰でも聞いたことがあるでしょう。「英語でコミュニケーションをするのに、それほど難しいことを知る必要はない」「基礎が大事」といった話が続きます。これは間違ってはいませんが、もう少し正確に捉えておきたい話です。

　私たちは、中学英語（中学校で教わる程度の英語）を使いこなせれば英語で十分にコミュニケートできます。逆に、もっと難しいことでも、理解しているだけではコミュニケーションの役には立ちません。

　企業などで英文ビジネスレターの書き方を指導し、たくさんの受講者を見てわかるのは、英語力は大きく3つのレベルに分けられることです。

それらは、

・中学英語が使いこなせるレベル
・中学英語が理解できるレベル
・中学英語が理解できないレベル

の３つです。

　中学英語が使いこなせる人たちは、それほど時間をかけなくても、書き方のコツを学ぶことにより、英語の通信文は作成できるようになります。
　中学英語が理解できる人たちは、スキル習得までに時間がかかりますが、練習を繰り返すことで書けるようになります。英語で通信文を書くことによって、基礎的な文法などを使えるようになっていくわけです。
　中学英語が理解できていない場合は、さすがに無理がありますから、中学英語から学ばなくてはなりません。
　英語に関するどんなバックグラウンドを持った人も、この３つのレベルに分けることができます。この中で指導がラクなのは、中学英語を使いこなせる人たちです。（拙(つたな)いものである場合でも）英語を書くことができる人たちに、英語のビジネス通信文の書き方を指導するのですから、それは日本語を書ける人に、日本語の季節の挨拶状の書き方を教えるのと変わりありません。たいていの人は、すぐに書けるようになります。
　これが中学英語を理解しているが使えない、つまり書けない場合には、指導は難しくなります。日本語をほとんど書けない人に、日本語の挨拶状の書き方を教えるのと同じです。身に付くまでには、時間がかかります。
　この例からだけでも、中学英語を使いこなすことが、どのくらい重要かわかると思います。「中学校の英語で十分にコミュニケートできる」という話は、どういうわけか「中学英語を理解できれば…」と勘違いされていることが多いものです。ここは、しっかりと正しく理解しておきましょう。
　私たちには、まず中学英語を使いこなすための勉強が必要です。教科書などで学びながら、口にしたり、書いたりして、実際に使ってみるのが、

付録 プラクティカルなスキルを身に付ける勉強法

その具体的な方法です。

　昨晩会社を出てから、帰宅するまでにあったこと——これについてエピソードを交えながら話すことができますか。中学英語、つまり簡単な英語のフレーズで話します。どんなことでも、簡単な言葉で表現することはできるものです。わからない言葉は、そのつど辞書で調べてみましょう。使い勝手のよい電子辞書がお勧めです。少しでいいですから、習慣的に行なうことが大切です。できれば上手な人にアドバイスしてもらいながら続けてみたいですね。

　話せるようになったら、同じことを書く練習をします。話すよりも書くほうが、随分と難しいと感じるのが普通です。スムーズに書けるようになるまでは、「書きたいことを書く」のが上達のコツです。その日に感じたことなどを日記のように書くと、すぐに慣れてくるものです。話すときと同じように簡単な言葉、わかる言葉を使えば OK です。できれば書いた文章を誰かに添削してもらえると理想的です。

　こうして簡単な表現で伝える練習をするのが、中学英語を使えるようにするための勉強法です。

■ ビジネス通信文を書く練習

　中学英語が使えるようになったら、英語でビジネス通信文を書きたい人は、英語でビジネス通信文を書く練習をするのがいちばんです。あまりにも当たり前の話に聞こえるでしょうか。実は、これが当たり前には実行されていないのです。

　英語のビジネス通信文とは、英文ビジネスレターや E メールのことです。これを上手に書くスキルは、小説、論文、新聞、雑誌、自叙伝、ビジネス書、大学のテキストブックなどのどれを読んでも身に付きません。

　英文ビジネスレターや E メールを書くスキルを身に付けるには、英文ビジネスレターや E メールのお手本を見る必要があります。そして、それらのお手本を真似して書く練習をします。

お手本を見て、真似する、あるいは写す

　これは上達するための原則です。必ず覚えておきましょう。ビジネス通信文の書き方に限ったことではありません。フォーマルな英会話が学びたければ、フォーマルな英会話の教材を見たり聴いたりします。そして、それを真似るか、そのまま使えるものは、そのまま使うようにします。これを行なった人だけが上手になることを忘れないようにしましょう。

　本書は、ビジネス通信文のお手本を数多く紹介しています。ビジネスらしい文章が書きたい人にとって最適な本です。こうした本は、1冊マスターするだけで、相当の実力が身に付きます。1冊を丸ごとでなくても、必要と思うところを部分的に覚えるだけで、強い味方になってくれます。
　実際のところ、第1章の(1)から、順にすべてを覚えるのは難しいことですし、その必要もありません。全体に何度か目を通したら、いくつかの構文を実際に使ってみることが大切です。話が通じたときには、その構文を使って書くスキルが身に付いたと実感できるでしょう。他の構文も使いこなせると感じるはずです。

　ただ、**「文章は間違いがあっても通じることがある」**のを覚えておきましょう。外国から日本語のビジネスレターが届いたときに、文法や言葉遣いに多くの間違いがあっても、内容は理解できることが多いものです。そのため、先程の話とは矛盾して聞こえるかもしれませんが、「通じたからといって、もう大丈夫」とはいえないものです。ブラッシュアップが必要になることはあるわけです。
　英文ビジネスレターを書きはじめて何年か経った頃、私は、当時頻繁に通信していたイギリスの取引先の担当者に、「英語に間違いがあれば指摘してほしい」と頼んだことがありました。勉強中なので、きびしくチェックしてくださいとお願いしたのです。そうすると、私の英文に数多くの修正が入れられ、返信されてきました。
　「すべて意味はわかり、間違いは少ないけれども、より正しく書くとこ

付録　プラクティカルなスキルを身に付ける勉強法

うなります」とメッセージがありました。

いつもスムーズに話が進み、自分の書くビジネス文書は、かなりよいレベルにあると考えていましたから、たいへんにショックで、それからまた勉強し直したものです。赤面するような経験でしたが、こうしたことがなければ、自分は上手と思い込み、それ以上の努力はしなかったかもしれません。

＊　＊　＊

読者のみなさんは、ビジネス通信文を学ぶことについて、どんなイメージを持っていらっしゃるでしょうか。コツコツ継続するという感じでしょうか。仕事でたずさわっていれば、長年毎日でも書くことになりますが、一定期間集中的に勉強するのは、お勧めできる方法です。

たとえば、いくつかの構成パターンを使ってレターを書く練習、構文を用いてすばやく文章を仕上げる練習など、短期間集中的に行なうことで、高い効果が見込めることがあります。

ゆっくりと学ぶのを否定するわけではありませんが、英語でビジネス通信文を書くスキルは、「これから○年のうちに…」と考えるよりは、「これから○週間のうちに、ある程度身に付ける」と考えて差し支えないものです。確かに何年も継続することでスキルは磨かれていきますが、「書ける」という段階に達するのに、それほどの長い時間は必要でないことを覚えておきましょう。

みなさんのご健闘をお祈りします。

著者紹介

松崎 久純 (Hisazumi MATSUZAKI)
1967年生まれ。メーカー勤務などを経て、現在、サイドマン経営・代表。グローバル人材育成の専門家。慶應義塾大学大学院システムデザイン・マネジメント研究科非常勤講師。南カリフォルニア大学東アジア地域研究学部卒業、名古屋大学大学院経済学研究科修了。

国際事業、組織マネジメントなどの分野で、上場企業、中小企業におけるコンサルティング・研修講師の経験が豊富。25カ国100都市以上での業務経験がある。ビジネス英語の分野では、「英文ビジネスレター・Eメールの書き方」の指導歴は長く、他にも製造現場や改善などにかかわる「ものづくりの英語」という分野をつくり上げた第一人者である。

著書に、『英文ビジネスレター＆Eメールの正しい書き方』、『英文ビジネスEメールの正しい書き方（実践応用編）』、『英語で学ぶトヨタ生産方式──エッセンスとフレーズのすべて』、『音読でマスターするトヨタ生産方式──英語で話すTPSのエッセンス』、『究極の速読法──リーディングハニー®6つのステップ』、『ものづくり現場の英会話ハンドブック』（いずれも研究社）、『ものづくりの英語表現』（三修社）、『現場で役立つ　英会話でトヨタ生産方式』（日刊工業新聞社）など、多数。海外翻訳版、DVDもある。速読法リーディングハニー®の開発者・公認インストラクター指導者としても知られている。

連絡先：sammymatsuzaki@yahoo.co.jp

英文ビジネスレターは40の構文ですべて書ける

2011年6月1日　初版発行
2020年5月29日　4刷発行

著者
松崎 久純
Ⓒ Hisazumi Matsuzaki, 2011

発行者
吉田 尚志

KENKYUSHA
〈検印省略〉

発行所
株式会社　研 究 社

〒102-8152　東京都千代田区富士見2-11-3
電話　営業(03)3288-7777(代)　　編集(03)3288-7711(代)
振替　00150-9-26710
http://www.kenkyusha.co.jp/

印刷所
研究社印刷株式会社

装丁・本文デザイン・DTP
株式会社イオック(目崎智子)

イラスト
株式会社イオック(赤川ちかこ)

ISBN 978-4-327-43072-6　C1082　Printed in Japan